Das Denken eines jeden Menschen ist so einzigartig, dass er es niemals vollständig mit einem anderen teilen kann. Jeder von uns verfügt über ein ganz persönliches Profil, das sein gesamtes Denken strukturiert, seine Erinnerung formt und sie in ganz bestimmter Weise mit der Gegenwart verknüpft. Der Ursprung, der Inhalt und die Strukturen von Denkprozessen sind entscheidend für unsere Lebensführung und für unser Lebensglück. Was in unseren Köpfen wirklich vor sich geht, bleibt uns jedoch meist verborgen. Wir wissen nicht, warum wir denken, was wir denken, und warum wir gerade so denken und nicht anders. Gestützt auf neue Erkenntnisse der Neurowissenschaften und der Psychologie hilft dieses Buch, sich selbst beim Denken zu beobachten, sich neue Fragen zu stellen und zu den Grundlagen des eigenen Denkens vorzudringen.

Friedhelm Schwarz, geboren 1951 in Hamburg, ist seit mehr als 15 Jahren Fachautor, Ghostwriter und Referent für Themen an der Schnittstelle von Wirtschaft und Sozialwissenschaften. Insgesamt hat er bisher 38 Bücher als Autor, Co-Autor oder Ghostwriter geschrieben, die zum Teil in mehrere Sprachen übersetzt worden sind. Bei rororo science hat er «Wenn das Reptil ins Lenkrad greift» (61658) veröffentlicht.

Friedhelm Schwarz

Muster im Kopf

Warum wir denken, was wir denken

Rowohlt Taschenbuch Verlag

rororo science

Lektorat Ludwig Moos

2. Auflage Januar 2007

Originalausgabe

Veröffentlicht im Rowohlt Taschenbuch Verlag,

Reinbek bei Hamburg, Januar 2006

Umschlaggestaltung any.way, Barbara Hanke

(Foto: nonstock/mauritius images)

Satz Adobe Garamond, Avenir PostScript, InDesign,

bei Pinkuin Satz und Datentechnik, Berlin

Druck und Bindung Clausen & Bosse, Leck

Printed in Germany

ISBN 978 3 499 62059 1

Inhalt

Einleitung: Weshalb es notwendig ist, über das Denken immer wieder neu nachzudenken

Deutschland steht heute vor dem größten gesellschaftlichen Veränderungsprozess seit Ende des Zweiten Weltkriegs. Der Nationalsozialismus, der Krieg, die Flucht aus dem Osten Europas, die Teilung des Landes, das «Wirtschaftswunder» im Westen und der «real existierende Sozialismus» im Osten haben jedoch in den vergangenen 70 Jahren tiefe Spuren in den Köpfen der deutschen Bevölkerung hinterlassen. Und auch die Wiedervereinigung Deutschlands ist in den Gefühlen und im Verhalten der Menschen noch lange nicht abgeschlossen.

Daran erkennt man, dass die Veränderung realer Verhältnisse viel schneller stattfindet als ihre gedankliche Verarbeitung. Ganz offensichtlich existieren bestimmte Denkmuster, die von großer Dauer sind und sich weder beliebig löschen noch einfach durch veränderte Lebensumstände korrigieren lassen. Der erst eingeleitete umfassende Umbau der ökonomischen und sozialen Strukturen und Prozesse erschüttert die Gesellschaft deshalb schon jetzt bis in ihre Fundamente.

Was angegriffen wird, sind die materiellen Rahmenbedingungen (deren Bedeutung in keiner Weise unterschätzt werden soll). Was die Menschen jedoch erleben, ist ein Angriff auf ihre Identität. Die Welt existiert nur als subjektives

Erleben und Abbild der Wirklichkeit im Kopf eines jeden Einzelnen und hat oft genug nur wenig mit den Bildern gemeinsam, die in den Köpfen anderer Menschen existieren. Schon gar nicht, wenn es die Köpfe von Politikern sind.

Doch bei den jetzigen Veränderungen handelt es sich nur um leichte Vorbeben. Die großen Veränderungen stehen uns noch bevor. Weniger Arbeit, niedrigere Löhne, Rückbau des Sozialstaats, mehr ältere Menschen, sinkender Wohlstand, die Aufspaltung der Gesellschaft in mehr Arme und mehr Reiche sowie die Bewältigung klimatischer Veränderungen sind nur einige der Herausforderungen der nahen Zukunft.

Von den meisten Menschen wird vor diesem Hintergrund schon jetzt die Bereitschaft und Fähigkeit erwartet, die bestehenden und lange Zeit als gut befundenen Verhältnisse konstruktiv zu zerstören und durch neue zu ersetzen. Sie müssen radikal umdenken. Dadurch bieten sich sicherlich neue Chancen, aber noch gravierender ist der damit verbundene Verzicht auf Sicherheit und einfache Orientierung.

Die über Jahrzehnte hinaus ausgebildeten Denkgewohnheiten müssen angepasst, verändert oder ganz aufgegeben werden. Aber ist das ohne weiteres möglich? Wird nicht etwas gefordert, was unmöglich ist? Reicht es und funktioniert es, rein rational mit Statistiken und Prognosen ein Umdenken zu verlangen? Lassen sich so bestehende Denkmuster ersetzen?

Dass dies ohne erhebliche Komplikationen und Widerstände geschehen wird, erscheint höchst fraglich. Die Meinungsumfragen deuten schon jetzt eher auf das Gegenteil hin und bestätigen die Erkenntnis, dass die Menschen weder bereit noch in der Lage sind, Gewohntes aufzugeben, auch wenn dies vernünftigerweise geboten scheint. Die Denkmuster sind viel zu tief im Kopf verankert und fest miteinander verbunden.

Wenn ich in diesem Buch gelegentlich davon spreche, dass wir alle mit unserem Denken in einem goldenen Käfig gefangen sind, dann meine ich damit nicht die materiellen Vorteile und Wohltaten, die uns der Sozialstaat alter Prägung geboten hat, sondern die Strukturen, die unser Denken und damit auch unser Handeln bestimmen.

Jeder Mensch ist einerseits stark durch das Gestern geprägt – «wir sind Vergangenheit», wie Daniel Schacter sagt[1] –, aber andererseits auch durch die Hoffnungen und Erwartungen, die er an das Morgen richtet. Es ist also notwendig, über das Denken des einzelnen Menschen nachzudenken, um zu erkennen, wo die Grenzen des gesellschaftlichen Wandels liegen, was uns blockiert und wie wir uns neue Chancen eröffnen können.

Es sind vor allem die «schwarzen Gedanken», die ständig in unserem Kopf herumschwirren, die uns blockieren, und nicht die äußeren Ereignisse an sich, diagnostizierte die «Frankfurter Allgemeine Zeitung». Man konzentriert sich nicht auf das Problem und seine Lösung, sondern auf die antizipierten negativen Folgen, auf die Angst zu versagen.

«Es ist die subjektive Bewertung einer schwierigen Situation und nicht die objektive Gefahr oder Belastung, die ausschlaggebend dafür ist, welche Reaktionen zunächst im Gehirn und nachfolgend auch im Körper in Gang gesetzt werden. Schon die Vorstellung, ein Problem nicht bewältigen zu können, führt dazu, dass man sich dem Geschehen resigniert überlässt», sagt der Göttinger Hirnforscher

1 Daniel L. Schacter: Wir sind Erinnerung, Gedächtnis und Persönlichkeit

Professor Gerald Hüther[2]. «Dann schaltet das Gehirn auf Notfall, aktiviert das Stress-System und wirft die alten, einfachen Notfallprogramme an: Angriff, Flucht oder – wenn beides nicht geht – Erstarrung. Aber jeder, der in Gedanken noch einen Funken Zuversicht in sich trägt, bleibt von diesem fatalen Absturz in archaische Notfallreaktionen verschont.»

Ein viel zitiertes Beispiel für eine solche Situation ist das eines kalifornischen Eisenbahnarbeiters. Als er Fracht in einem Kühlcontainer kontrollieren sollte, schlossen sich die Türen und er war gefangen. Man fand ihn bei Schichtende tot im Container. An die Wände hatte er geschrieben: «Niemand hat meine Hilferufe gehört. Meine Hände und Füße werden immer kälter. Ich weiß nicht, wie lange ich das noch aushalte.»[3] Dabei war das Kühlaggregat dieses Containers defekt, die Temperatur im Inneren lag nur geringfügig unter der durchaus angenehmen und keineswegs lebensbedrohenden Außentemperatur und es war auch genügend Sauerstoff im Container vorhanden. Es waren also nicht die äußeren Umstände, die den Mann getötet haben, sondern allein seine Gedanken, die Interpretation seiner Situation, die dazu führten, dass er sich aufgab und starb.

«Gedanken können Mut- und Energielieferanten sein oder beides in einem Menschen auslöschen», zitiert die FAZ eine Züricher Beraterin. Es liege bei jedem Einzelnen selbst, zu entscheiden, welche Gedanken er durch seinen Kopf gehen lässt, das heißt, ob er sich «schwarzen Gedanken» hingibt oder mit Zukunftsmut ans Werk geht.

Nur ist es schwer und manchmal sogar unmöglich, diese Gedanken zu korrigieren, weil sie aus ganz persönlichen Mustern bestehen, die wie das Netz unter einem Trapez-

2 Frankfurter Allgemeine Zeitung vom 27.08.2005

3 Frankfurter Allgemeine Zeitung vom 27.08.2005

künstler solide verankert sind und jeden möglichen Absturz sicher auffangen sollen. Das Netz, das gegen Risiken absichern soll, wird also in bestimmten Fällen selbst zum Risiko.

Die Muster, die ein Mensch in seinem Kopf trägt, sind in der Regel zumindest für ihn selbst in sich stimmig oder werden von ihm im Zweifelsfall stimmig gemacht. Sollte das nicht der Fall sein, wird er seelisch und/oder körperlich krank. Die Zunahme psychosomatischer Erkrankungen in unserer Gesellschaft ist ein deutliches Zeichen dafür, dass die Muster in den Köpfen längst nicht mehr so realitätsnah sind, wie wir es uns wünschen.

In meinem Buch «Wenn das Reptil ins Lenkrad greift» habe ich untersucht, weshalb Gesellschaft, Wirtschaft und Politik nicht den Regeln der Vernunft gehorchen. Dabei bestätigte sich, dass Entscheidungen überwiegend nicht im Bewusstsein getroffen werden, sondern «aufquellen», wie es der deutsche Nobelpreisträger Reinhard Selten formulierte. Innere Einflüsse wie Gefühle, Emotionen, Erfahrungen, aber auch das vorhandene implizite und explizite Wissen spielen bei Entscheidungen fast immer die größte Rolle. Hinzu kommt auch die Situation, in der sich der Entscheider befindet.

Fakten haben hingegen in der Regel weniger Gewicht. Sie werden, so der Hirnforscher Manfred Spitzer, später mit «Bedeutungssoße» übergossen, um sie der Entscheidung anzupassen. Es ist also tatsächlich so, dass wir überwiegend nicht rational mit dem Bewusstsein zu neuen Entscheidungen gelangen, sondern dass die überwiegende Denkarbeit hinter verschlossenen Türen unbewusst erfolgt.

Dieses Ergebnis polarisierte die Leser, was zu erwarten

war. Die einen fanden nun durch wissenschaftliche Tatsachen bestätigt, was sie schon immer gefühlt und geahnt hatten, die anderen sahen sich als Ausnahme. Für sie hatte dieser «psychologische Firlefanz» keine Geltung. Also entschloss ich mich, noch einmal tiefer zu graben und die Frage zu stellen: «Warum denken wir, was wir denken?».

Auch wenn die biologische Ausstattung die vorhandenen Talente, die Erfahrungen, die Erinnerungen, das Wissen und das Können jedes Menschen zu einem einmaligen Exemplar machen und deshalb das Denken ebenso einmalig ist – nicht einmal eineiige Zwillinge, die körperlich nicht zu unterscheiden sind, denken in jeder Situation jeweils das Gleiche –, muss es doch Regeln geben, die für das Denken und damit auch für das Handeln aller Menschen in gleicher Weise Gültigkeit haben.

Der Mensch ist nicht nur ein Individuum, das sich von anderen unterscheidet, sondern er ist, von Ausnahmen wie Robinson Crusoe abgesehen, auch immer Teil einer Gemeinschaft, mag sie nun so klein sein wie die eines noch unentdeckten Stammes in den Urwäldern Südamerikas oder so weltumspannend wie bei dem von Bob Geldof initiierten «Live 8»-Konzert gegen die Armut in Afrika.

Um erfolgreich Teil einer Gemeinschaft zu sein, muss der Mensch in seinem Denken auf andere Fähigkeiten, Eigenschaften und Strukturen zurückgreifen können als in Momenten, wo er, wie zum Beispiel Albert Einstein, einmalige Gedankenexperimente durchführt, die ihn zu neuen Ideen und Problemlösungen führen. Allerdings müssen für beide Fälle Ressourcen vorhanden sein, die nicht nur materieller Natur sind, also Nervenzellen und ihre Verbindungen, sondern auch inhaltlicher, also geistiger Natur.

Die moderne Hirnforschung versucht beides zu ergründen. Praktisch täglich werden weltweit neue Ergebnisse vorgelegt, und doch wissen wir heute weniger über das Gehirn, als wir noch vor ein paar Jahrzehnten zu wissen glaubten, wie es der Hirnforscher Wolf Singer in einem Gespräch mit der «Zeit» formulierte[4]. Es ist schier unmöglich, alle vorliegenden Fakten zu berücksichtigen, in Einklang zu bringen und miteinander in Beziehung zu setzen.

Um zu gesicherten Erkenntnissen zu gelangen, muss sich die Forschung auf streng abgegrenzte Fragen, Problemfelder und einzelne Details konzentrieren. Dieses Buch beabsichtigt jedoch das genaue Gegenteil. Es versucht, die Konturen nachzuzeichnen, die sich aus der Gesamtheit der verschiedenen Forschungszweige, die sich mit der Funktion des menschlichen Gehirns beschäftigen – von der Neurobiologie bis zur Soziologie –, für das Alltagsleben in Form von Denkmustern ergeben. Ich lege deshalb die verschiedenen Teile eines Puzzles, die zueinander passen, zusammen und versuche zu erkennen, wie das fertige Bild wohl aussehen könnte.

Die Erwartungen der Öffentlichkeit an die Hirnforschung sind groß, manchmal zu groß. Besonders von den modernen bildgebenden Verfahren erhofft man sich Ergebnisse, die oft nur schwer oder gar nicht einzulösen sind. Sie sollen möglichst nicht nur zeigen, wo und bei welcher Gelegenheit im Gehirn Denkvorgänge stattfinden, sondern sie sollen auch noch erklären, was in bestimmten Momenten gedacht wird.

Auch hier arbeitet man sich Schritt für Schritt vor und glaubt sogar schon an der Funktionsweise des Gehirns erkennen zu können, ob ein Mensch lügt oder nicht. Die

4 Denker des Denkens in Die Zeit 11/2005

einzige Frage, die sich auf diesem Wege jedoch noch nicht erschließt, ist: «Warum lügt er?» Diese Warum-Frage: «Warum denken wir, was wir denken?» lässt sich zumindest zurzeit nicht aus einzelnen Details heraus beantworten, sondern nur durch einen interdisziplinären Blick auf das Ganze.

I. Die Grundlagen des Denkens

Wir denken nicht, was wir wollen, sondern wir wollen, was wir denken. Denken ist zu einem ganz überwiegenden Teil kein bewusster Prozess, sondern ein unbewusster, der sowohl von den Genen als auch von der Gesellschaft gesteuert wird. Der Mensch ist von seiner Umwelt nicht zu trennen. Sie formt im Laufe des Lebens nicht nur immer neue Muster im Kopf, sondern fordert uns beständig heraus, zu reagieren statt zu agieren.

Muster bestimmen die Sicht der Welt

Dieses Buch trägt nicht ohne Grund den Titel «Muster im Kopf», denn unser Denken breitet sich nicht explosionsartig, ungezielt und ungerichtet aus, sondern folgt ganz bestimmten Pfaden und bewegt sich über ganz bestimmte Ebenen. Richtet man seine Aufmerksamkeit auf die eigenen Gedanken, so wird man erkennen, wie sich ein Bild an das nächste und ein Satz an den nächsten fügt. Auch dieser Text ist nichts anderes als eine Abfolge von Gedanken.

Muster im hier verwendeten Sinne sind geordnete und in sich zusammenhängende Netzwerke, die nicht in ihren Einzelteilen, sondern nur in ihrer Gesamtheit Sinn ergeben und ihren Zweck erfüllen. Hirnorganisch werden die Gedankenmuster durch das Netzwerk der Neuronen repräsentiert. Man sollte sich die Gedankenmuster allerdings nicht in Form eines Gehirns oder als eine einfache Fläche vorstellen, sondern eher als dreidimensionale Schleife, die irgendwann in sich selbst zurückführt, ein so genanntes Möbiusband.

Dass Gedanken überhaupt möglich sind und welche Gedanken gedacht werden, hängt davon ab, wie die rund 100 Milliarden Neuronen im Gehirn miteinander verknüpft sind. Um in der Sprache der Netzwerktheorie zu bleiben, ist jedes Neuron ein Knoten, der durch Verbindungen, die so genannten Kanten, mit anderen Knoten verbunden ist. Diese Verbindungen bestehen sowohl im Nahbereich wie eben auch im Fernbereich. Einige Knoten verfügen über viele Verbindungen, andere über wenige. Manche Knoten sind so eng miteinander verbunden, dass sie Haufen, so genannte Cluster, bilden.

Spricht man über Netzwerke, kommt ganz automatisch der Begriff des Small-World-Phänomens ins Spiel. Mit «Small World» meinte man zunächst das soziologische Phänomen, dass alle Menschen auf der Welt über nur sechs Zwischenschritte miteinander verbunden sind, obgleich die Wahrscheinlichkeit eines direkten Kontakts nahe bei null liegt[5]. Möglich werden diese Verbindungen durch die Mischung von Nah- und Fernverbindungen, über die die verschiedenen Knoten verfügen.

Inzwischen weiß man, dass sich dieses Small-World-Phänomen nicht nur im Aufbau sozialer Netzwerke, sondern auch aller anderen Netzwerke wiederfindet, wie zum Beispiel eben auch im menschlichen Gehirn. Auch wenn man weiß, dass der Aufbau des Gehirns nach dem Small-World-Modell die Grundlage für die Entstehung eines spezifischen, hier des menschlichen, Denkens bildet – das sich jeweils vom Denken anderer Gehirnträger eindeutig unterscheidet, selbst wenn es Ähnlichkeiten oder sogar identische Prozesse gibt –, lässt sich zumindest mit den heutigen Mitteln die Gestalt eines einzelnen Gedankens nicht nachvollziehen.

Möglich ist aber schon, ein Erregungsmuster im Gehirn zu erkennen, von dem man mit großer Sicherheit annehmen kann, dass es in Verbindung zu bestimmten Wahrnehmungen steht, die zu ganz bestimmten Gedanken führen.

Hier soll es aber nicht um Neurobiologie und die organische Repräsentation von Gedanken gehen, sondern dar-

5 Mark Buchanan: Small Worlds

um, wie Inhalte von Gedanken durch Einflüsse von innen und außen determiniert und zu ganz bestimmten Mustern geordnet werden. Dabei gibt es eine Wechselwirkung zwischen dem Gehirn als Organ und den Leistungen, die es erbringt. Die Muster von Gedanken strukturieren den Aufbau des Neuronen-Netzwerkes ebenso, wie dessen Muster den Ablauf von Gedanken beeinflusst.

Das Gehirn eines Musikers verarbeitet Musik nach anderen Mustern als das eines Taxifahrers, der wenig musikalisch ist, dafür aber die Fähigkeit besitzt, ohne Stadtplan quer durch London zu navigieren. Es sind die Muster im Kopf, die darüber entscheiden, wie man die Welt in den verschiedenen Lebenssituationen wahrnimmt und interpretiert. Aber auch hier gibt es eine starke Wechselwirkung. Es ist nämlich die Umwelt, die die Informationen und Anreize liefert, um die individuellen Muster zu knüpfen. Das eine würde ohne das andere in den Köpfen nicht existieren.

Das Denken bestimmt unser Schicksal

Klug zu denken galt in allen menschlichen Gesellschaften schon immer als vorteilhaft. Allerdings durfte sich der Denker nicht zu weit von den Denkgepflogenheiten und Denkmustern seiner Zeitgenossen entfernen, sondern musste die Gesamtheit der gesellschaftlichen Bedürfnisse und Strukturen berücksichtigen. Ein Beispiel dafür, dass kluges Denken auch auf dem Scheiterhaufen enden kann, ist der Fall des Giordano Bruno.

Er wurde 1548 in Nola bei Neapel unter dem Namen Filippo Bruno geboren und von seinem Vater zu einem Freidenker erzogen. Dass er 1565 dennoch in den Dominikanerorden eintrat, erwies sich bald als Fehler, denn Giordano Bruno leistete sich den Luxus, sich nicht nur eigene Gedanken zu machen, sondern seine Meinung auch noch öffentlich kundzutun und durch unangepasstes Verhalten wie die Entfernung von Heiligenbildern aus der Klosterzelle zu unterstreichen. Da er auch noch die Ansichten des Astronomen Kopernikus teilte und die Erde nicht für den Mittelpunkt der Welt hielt, geriet Bruno 1576 erstmals in den Verdacht der Ketzerei. Mit seiner Flucht aus Neapel begann eine mehrere Jahrzehnte dauernde Wanderschaft durch Europa.

Bruno war ein äußerst talentierter Denker, der für sich selbst ein spezielles Merksystem entwickelte, das ihn zu einem wahren Gedächtniskünstler machte und seine Zeitgenossen tief beeindruckte. Viele hielten ihn deshalb für einen Magier. Und da Bruno es sich nicht verkneifen konnte, weniger brillante Honoratioren mit Spott zu überziehen, warf man ihn an den meisten Universitäten nach kurzer Zeit wieder hinaus, sodass er auf die Unterstützung von Freunden angewiesen war.

Trotz allem veröffentlichte er immer neue Werke, in denen er sich mit der Beziehung zwischen Gott und der Welt auseinander setzte. Dass er dabei Überlegungen anstellte, die seiner Zeit weit voraus waren, machte ihm das Leben nicht einfacher. Die Unendlichkeit des Weltalls gehörte ebenso zu seinen Ideen wie die Vorstellung, dass die Sonne nur ein Stern unter vielen sei und dass es mit großer Wahrscheinlichkeit noch weitere Himmelskörper geben müsse, die ebenfalls von Lebewesen bevölkert sein könnten. Damit schrieb er das statische Weltbild des Kopernikus weiter fort.

1591 kehrte Bruno nach Italien zurück, weil der Adelige Giovanni Mocenigo in Venedig in seine magischen Gedächtniskünste eingeweiht werden wollte. Dieser sah sich jedoch wahrscheinlich in seinen Erwartungen enttäuscht und schwärzte Giordano Bruno bei der Inquisition an. Acht Jahre verbrachte Bruno nun in Haft. Er war zwar bereit, der Inquisition Zugeständnisse zu machen, doch am Ende lief es darauf hinaus, dass er weder von der Behauptung, dass es viele Welten gäbe, abrückte, noch von seinen Zweifeln an der Gottessohnschaft Christi.

Am 17. Februar 1600 wurde Giordano Bruno daher auf dem Campo de' Fiori in Rom auf dem Scheiterhaufen hingerichtet. Mehr als 360 Jahre blieben seine Schriften auf dem Index der katholischen Kirche, und erst am 12. März 2000 bedauerte Papst Johannes Paul II. öffentlich das Todesurteil gegen Bruno.

Auch wenn heute niemand mehr auf dem Scheiterhaufen landet, besteht immer noch die Gefahr, dass kluges, aber unangepasstes Denken schnell ins gesellschaftliche Abseits führt. Wer nicht nur für sich allein denken will, sondern seine Gedanken auch öffentlich äußert, sollte deshalb die ungeschriebenen Regeln und Muster des konformen und weithin erwünschten Denkens berücksichtigen.

Ein gutes Beispiel dafür, wie man es nicht machen sollte, lieferte der bayerische Ministerpräsident Edmund Stoiber im Bundestagswahlkampf 2005. Er wünschte sich in einer im Prinzip unbedeutenden Rede, dass die Bundestagswahl nicht in den neuen Bundesländern entschieden werden sollte und nicht von den Frustrierten im Lande. Man konnte seine Aussagen auch so verstehen, dass er meinte, die Bevölkerung in Ostdeutschland sei als Ganzes frustriert. Wahrscheinlich gab es im Westen der Republik sogar viele, die ihm bei einer solchen Einschätzung zustimmen würden, nur öffentlich sagen darf es ein Politiker eben nicht, wenn er öffentliche Medienschelte und eine Beschädigung seiner Person vermeiden möchte.

Noch ungeschickter als Stoiber war der frühere Bundestagspräsident Philipp Jenninger, der am 10. November 1988 im Bundestag die Gedenkrede zum 50. Jahrestag der Reichspogromnacht hielt. Obgleich der faktische Inhalt der Rede in keiner Weise zu beanstanden war, gaben die Form des Vortrags und die ungeschickten Betonungen berechtigten Anlass zum Protest. Jenninger trat von seinem Amt zurück. Der Grund war einfach: Auch wenn der Inhaltsaspekt politisch korrekt war, der Beziehungsaspekt seiner Rede war es nicht. Dass diese beiden Aspekte, Inhalt und Beziehung, zwischen Sprecher und Zuhörer von elementarer Bedeutung für das Denken und die Verarbeitung von Informationen sind, werde ich noch deutlich machen.

Allerdings sind auch die Vorgaben der Gesellschaft immer wieder Veränderungen unterworfen, denn es denkt nicht nur der Einzelne immer weiter, sondern auch die Gesellschaft als Ganzes. In welche Richtung und mit welchem Erfolg, sei allerdings dahingestellt.

Die Regeln des kollektiven Denkens wandeln sich

Der Begriff «politisch korrekt» oder «political correctness» steht für ein kollektives Denkmuster, dessen Bedeutung und Einfluss sich im Laufe der Jahre deutlich gewandelt haben. Ursprünglich bezeichnete dieser Begriff die loyale Unterstützung einer politischen Partei. Dann wurde er, zunächst in den 1960er Jahren in den USA, später auch in Deutschland, zur moralpolitischen Beurteilung von Sprache und Verhaltensweise genutzt. Feministinnen, Schwarze und Linke in den USA kämpften gegen die Diskriminierung von Minderheiten auf sprachlicher Ebene.

Ausgangsbasis war die Annahme, dass die Gesellschaft die Sprache formt und diese wiederum Einfluss hat auf die Denkprozesse und Vorstellungswelten der Menschen, die ihrerseits die Gesellschaft formen. Deshalb kann die Sprache entweder die Machtverhältnisse verfestigen oder als Mittel des sozialen Protestes untergraben. Sprache beeinflusst das

Denken und ist in der Lage, Veränderungen in den Köpfen hervorzurufen.

So sind nach dieser Theorie bestimmte kulturelle oder ethnische Kategorien wie Neger, Fräulein oder Krüppel Ausdruck eines bestimmten Weltbildes und mit einer diskriminierenden Wertung verbunden. Die Verwendung dieser Worte oder Kategorien würde die dahinterstehenden abwertenden Denkmuster weiter zementieren. Man erhoffte sich, dass mit dem Verschwinden aus dem Sprachgebrauch diese Worte gleichzeitig auch aus dem Denken verschwinden. Die Einführung neuer, nicht oder anders wertender Begriffe sollte dieses Umdenken auf sprachlicher Ebene manifestieren. Es sollte neue Denkmuster schaffen.

Heute wird der Begriff «politisch korrekt» allerdings oft schon ironisch, abwertend oder sogar diffamierend gebraucht. Kritiker zweifeln an der Möglichkeit, durch veränderte Sprachregeln Denkmuster zu ändern, und sprechen von Denkbevormundung durch «political correctness», womit sie allerdings indirekt bestätigen, dass auf diese Weise eben doch Veränderungen eingeleitet und verfestigt werden können.

Über den Weg der Sprache ist das Denken also sowohl Moden und Trends unterworfen als auch ganz bestimmten Machtkonstellationen innerhalb einer Gesellschaft. Viele Beispiele dafür, wie sich Macht durch Sprache im Denken manifestiert, finden sich zum Beispiel in den Sprachgepflogenheiten und Sprachregelungen der ökologisch-alternativen Bewegung.

Man spricht nicht von Kernkraftwerken, sondern von Atomkraftwerken, und Pflanzen mit Veränderungen im Erbgut sind nicht etwa genverändert, sondern genmanipuliert.

Aus einer Abtreibung wird ein Schwangerschaftsabbruch und aus homosexuellen Paaren werden gleichgeschlechtliche Lebensgemeinschaften. Solche scheinbar nur begrifflichen Verschiebungen sollte man nicht unbeachtet lassen. Wer weiß, welche Konsequenzen sich im Endeffekt daraus ergeben, dass aus Arbeitslosenhilfe-Empfängern Hartz-IV-Empfänger geworden sind?

Zum Glück sind die Menschen von Geburt an mit der Eigenschaft ausgestattet, zwischen Richtig und Falsch zu unterscheiden. Das heißt allerdings nicht, dass der Mensch von Natur aus gut ist, sondern es heißt, dass bestimmte genetische Veranlagungen zur Differenzierung vorhanden sind, die dann durch die Umwelt entsprechend der Gesellschaft und Kultur ausgeformt werden.

Der Mensch im Raster der Psychologie

Wir müssen uns auch als erwachsene Menschen damit abfinden, dass das meiste, was wir denken, von uns weder bewusst mitbestimmt wird, noch dass die Grundmuster unseres Denkens von uns selbst beeinflusst und erkannt werden können. Das Letztere mag vielleicht noch in einem gewissen Rahmen mit professioneller Hilfe, beispielsweise einer Psychoanalyse, zu bewerkstelligen sein. Vielleicht hilft denjenigen, die es sich finanziell leisten können, auch ein so genannter Coach, der ihnen im beruflichen und privaten Leben den Spiegel vorhält.

Immer wenn es um die Frage ging, was unser Schicksal bestimmt, mussten wir bisher auf eine Reihe standardisierter psychologischer Denkschablonen zurückgreifen, die in erster Linie dadurch entstanden waren, dass man das beobachtbare Verhalten und das abfragbare Befinden aufzeichnete und kategorisierte. So entwickelte man bestimmte Persönlichkeitstypen und andere Klassifizierungen. Intelligenz- und Eignungstests entschieden immer häufiger darüber, ob jemand die Chance bekam, eine Karriere zu machen oder nicht.

Auf der Idee, dass psychische und intellektuelle Leistungen messbar und bewertbar sind, baut immer noch unser ganzes Schul- und Ausbildungssystem auf. Dabei wurden Denken, Lernen und Erinnern stets als bewusster Akt gesehen, der als solcher auch zu benoten ist. Alle unbewussten Prozesse blendete man weitgehend aus und überließ sie den Psychoanalytikern, deren Methoden und Theorien allerdings als nicht oder nur bedingt wissenschaftlich galten.

Auch in der Alltagspsychologie sind wir geneigt, das Verhalten eines Menschen und damit auch sein Denken in ein typologisches Raster einzuordnen und mit Begriffen wie Persönlichkeit, Charakter und Temperament zu erklären. Was sich hinter diesen Begriffen tatsächlich verbirgt, ist uns in der Regel nicht bewusst.

Zur Beschreibung der Persönlichkeit wird auf eine mehr oder weniger große Zahl von Eigenschaften zurückgegriffen, die dann ein statistisches Persönlichkeitsbild abgeben. Woher solche Eigenschaften kommen, wird im Rahmen der Persönlichkeitsbeschreibung allerdings nicht geklärt.

Die deutsche Version des so genannten 16 PF-RR Persönlichkeitstests (Sixteen Personality Factors Questionary von Schneewind und Graf 1998) enthält folgende Merkmale, die jeweils durch die Zustimmung zu den dazugehörigen Aussagen ermittelt werden sollen:

1. Wärme
Ich gehöre eher zu den Menschen, die auf andere zugehen und den Kontakt mit anderen Menschen genießen.

2. Emotionale Stabilität
Ich habe weniger Stimmungsschwankungen als die meisten, die ich kenne.

3. Dominanz
Ich gehöre zu den Leuten, die sich nicht so leicht etwas gefallen lassen.

4. Lebhaftigkeit
Ich bin gern inmitten von Trubel und Aktivität.

5. Regelbewusstsein
Ich halte es für wichtiger, Regeln und gute Manieren zu respektieren, als unbekümmert und sorglos zu leben.

6. Soziale Kompetenz
Ich halte mich für kontaktfreudig und selbstsicher im Umgang mit anderen Menschen.

7. Empfindsamkeit
Gewöhnlich schätze ich die Schönheit eines Gedichts mehr als eine hervorragende Fußballstrategie.

8. Impressions-Management
Ich bin manchmal ärgerlich, wenn ich meinen Willen nicht bekomme.

9. Wachsamkeit
Wenn man zu viel von sich erzählt, nutzen andere das häufig zu ihrem Vorteil aus.

10. Abgehobenheit
Ich bin ein Mensch, der in den Tag hinein träumt und sich eigene Dinge ausdenkt.

11. Privatheit
Ich bin eher zurückhaltend und behalte meine Probleme für mich.

12. Besorgtheit
Ich neige dazu, zu empfindsam zu sein und mir zu viele Sorgen über etwas zu machen, was ich getan habe.

13. Offenheit für Veränderung
In den meisten Fällen ist es besser, Veränderungen und neuen Ideen den Vorrang zu geben.

14. Selbstgenügsamkeit
Ich bin im Allgemeinen eher jemand, der gut für sich allein sein kann.

15. Perfektionismus
Ich halte meine Sachen immer in bester Ordnung.

16. Anspannung
Wenn etwas nicht nach Wunsch geht, werde ich leicht ärgerlich und ungeduldig.

Diesen Aussagen soll man auf einer Skala, die von «Ich stimme voll und ganz zu» bis «Ich stimme überhaupt nicht zu» geht, einen entsprechenden Rang geben. Daraus wird dann das Persönlichkeitsprofil abgeleitet.

Man kann sich natürlich fragen, was hier tatsächlich wie ermittelt und skalenmäßig bewertet wird. Zunächst einmal wird von demjenigen, der sich einem Persönlichkeitstest unterzieht, erwartet, dass er in sich selbst hineinschaut und eine Antwort gibt, die eine rationale Bewertung enthält. Ob er tatsächlich so ist, wie er sagt, oder nur so sein möchte, sei einmal als Unsicherheitsfaktor dahingestellt.

Schaut man sich die einzelnen Aussagen nun genauer an, so wird man feststellen, dass sie sich einerseits ganz direkt auf das Wertesystem eines Menschen beziehen und andererseits auf sein soziales Verhalten. Persönlichkeit ist demnach also nichts anderes als eine Kombination von Werten und Verhalten. Die meisten der Antworten lassen sich auf die drei Grundmuster «Es ist richtig oder falsch», «Es ist möglich oder unmöglich» und «Ich will es oder ich will es nicht» zurückführen. Persönlichkeit ist danach also Ausdruck des Denkens und nicht etwa dessen Grundlage.

Lebensmotive und die Sinnfrage des Lebens

Sowohl die Lebensmotive als auch die Antwort auf die Sinnfrage, die ein Mensch innerhalb eines bestimmten Lebensabschnittes für sich findet, haben etwas mit dem Denken zu tun.

Wie die empirische Sozialforschung herausgefunden hat,

gibt es 16 verschiedene Lebensmotive, aus denen sich Charakter und Eigenschaften formen. Diese Lebensmotive sind unterschiedlich stark und in unterschiedlicher Ausprägung bei jedem Menschen zu finden. Sie umfassen im Wesentlichen folgende Elemente:

1. Macht
2. Unabhängigkeit
3. Neugier
4. Anerkennung
5. Ordnung
6. Sparen
7. Ehre
8. Idealismus
9. Beziehungen
10. Familie
11. Status
12. Rache
13. Romantik
14. Ernährung
15. Körperliche Aktivität
16. Ruhe

1. Macht

Macht dient zur Absicherung und zur Kompensation von Angst. Sie beinhaltet aber auch das Streben nach Erfolg und Leistung und den Wunsch, Führung und Einfluss zu übernehmen. Politiker sind in erster Linie machtgesteuerte Menschen. Ihnen kommt es nicht auf das Einkommen an, kein Politiker, auch nicht der Bundeskanzler, verdient so viel wie der Topmanager eines mittelgroßen Unternehmens. Macht kann auch zur Droge werden, die man täglich spüren und erleben möchte. Sie brauchen sich bloß im Fernsehen Übertragungen aus dem Bundestag anzuschauen, um zu sehen, wer seine Macht wie genießt.

2. Unabhängigkeit

Die Unabhängigkeit umfasst das Streben nach Freiheit und Autarkie. Viele Menschen fürchten sich allerdings vor der Freiheit und der Unabhängigkeit. Unabhängigkeit lässt sich auch durch Selbstgenügsamkeit und Verzicht auf materielle Dinge erreichen. Allerdings stellt sie in dieser Form in unserer Gesellschaft kein Ideal dar. Das ist in anderen Gesellschaften und in anderen Religionen durchaus anders.

3. Neugier

Die Neugier beinhaltet das Streben nach Wissen und Wahrheit. Für gewöhnlich wird Neugier als ein negativer Charakterzug angesehen und deshalb vielen Kindern schon in frühester Jugend aberzogen. Aber es ist falsch, das Nichtwissen-Wollen zu einer Tugend zu machen. Ohne Wissen und daher auch ohne Neugier wird man nicht in der Lage sein, Veränderungen zu verkraften oder sogar herbeizuführen.

4. Anerkennung

Unter dem Lebensmotiv Anerkennung versteht man das Streben nach sozialer Akzeptanz, Zugehörigkeit zu einer oder auch zu mehreren sozialen Gruppen und die Entwicklung eines positiven Selbstwertgefühls. Anerkennung kann immer nur im Rahmen eines sozialen Umfeldes gewonnen werden. Jeder, der Wert auf Anerkennung legt, wird sich diesem Umfeld zumindest bis zu einem gewissen Grade anpassen müssen.

In einem streng katholischen Bauerndorf wird ein linksliberaler Hersteller von Pornoprodukten nicht die Anerkennung finden, wie er sie vielleicht in einer Großstadt wie Berlin genießen kann. Oder ein patriarchalisch denkender Hersteller von Landmaschinen wird kaum Chancen im Kreis von Unternehmensgründern der New Economy haben.

5. Ordnung

Ordnung bedeutet das Streben nach Stabilität, Klarheit und guter Organisation. Ordnung kann wie alle anderen Lebensmotive auch durch Übertreibung ins genaue Gegenteil umschlagen, nämlich in Pedanterie und absoluten Selbstzweck. Es ist also bei allen Lebensmotiven auch zu prüfen, welchen Ausprägungsgrad sie haben und ob sie dann nicht von der Produktivität in Unproduktivität umschlagen.

6. Sparen

Unter Sparen versteht die Sozialwissenschaft das Streben nach Anhäufung materieller Güter und Eigentum. Der wesentliche Aspekt ist, dass es hier nicht nur um Zugewinn geht, sondern auch im Dagobert-Duck'schen Sinne um das Behalten an sich. In der negativen Form ist Sparen Geiz.

7. Ehre

Hierbei geht es um das Streben nach Loyalität und moralischer, charakterlicher Integrität. Es werden abstrakte Werte angestrebt, die wiederum von der Gesellschaft definiert werden. Ein Mensch, der zum Beispiel ein großer Verehrer von Machiavelli ist, wird es mit seiner Ehre durchaus vereinbaren können, Versprechen zu brechen, weil für ihn ein Versprechen nur so lange von Bedeutung ist, wie es einen Zweck erfüllt. Fällt der Zweck weg, entfällt auch die Notwendigkeit, ein Versprechen zu halten. Ehre ist also ein höchst kompliziertes Lebensmotiv, das man stets im Einzelfall auf seinen Inhalt überprüfen muss.

8. Idealismus

Der Idealist strebt nach sozialer Gerechtigkeit und Fairness. Unter den Idealisten können sich auch wirklichkeitsfremde Weltverbesserer finden, ebenso wie knallharte Pragmatiker. Idealismus wird von vielen weniger als ein Lebensmotiv denn als eine Grundhaltung gesehen.

9. Beziehungen

Auch das Streben nach Freundschaft, Freude und Humor ist ein Lebensmotiv. Manche Menschen können ohne Freundschaften nicht leben, andere kommen sehr gut ohne aus. Gerade bei diesem Lebensmotiv sieht man noch einmal sehr deutlich, dass jedes sowohl Instrument als auch Selbstzweck sein kann. Wenn ein Mensch Beziehungen pflegt, kann das durchaus nur aus Zweckgründen sein, um seine wirklichen Lebensmotive, die vielleicht Macht und Anerkennung lauten, zu verwirklichen. Man muss also beachten, dass jedes Lebensmotiv Selbstzweck sein oder zur Erreichung anderer Lebensmotive instrumentalisiert werden kann.

10. Familie

Das Streben nach einem Familienleben mit eigenen Kindern erscheint vielen Menschen nicht als ein eigenständiges Lebensmotiv. Die Forschung hat jedoch gezeigt, dass das der Fall ist.

11. Status

Status lässt sich auf vielfältige Weise gewinnen, durch Reichtum, durch Titel oder durch allgemeine Aufmerksamkeit. Wenn ein Mensch sich einen Doktortitel gekauft hat oder den Titel eines Honorarkonsuls trägt, wenn ihm vielleicht schon ein Bundesverdienstkreuz verliehen wurde, können Sie sicher sein, dass Status für ihn eine große Rolle spielt. Aber Status kann sich auch in den kleinen Dingen zeigen, in der richtigen Armbanduhr, dem Anzug vom richtigen Schneider oder in der Automarke. Status unterscheidet sich von der Anerkennung dadurch, dass es hier nicht so sehr um soziale Akzeptanz geht, sondern darum, die selbst definierte Position durch äußerliche Dinge zur Schau zu stellen.

12. Rache

Auch dieser allgemein negativ bewertete Begriff ist ein Lebensmotiv, das gekennzeichnet ist vom Streben nach Konkurrenz, Kampf, Aggression und Vergeltung. Dass die Lebensmotive in ihrer Häufigkeit, Ausprägung und Zusammenstellung keinesfalls gleichmäßig in der Bevölkerung verteilt sind, sondern wirklich ausschließlich jeweils einer einzelnen Person zuzuordnen sind, erkennt man bei dem Lebensmotiv Rache vielleicht am besten.

Manche Leute sind extrem sanftmütig und leben nach dem Motto: Glücklich ist, wer vergisst, was nicht mehr zu ändern ist. Jemand, der Rache als Lebensmotiv hat, wird nie vergessen.

13. Romantik

Auch das Streben nach Schönheit, Sexualität und einem erotischen Leben ist ein eigenständiges Lebensmotiv. In einer weniger ausgeprägten Form kommt es sicherlich bei allen Menschen zum Tragen.

14. Ernährung

Das Streben nach Essen und Nahrung dient keineswegs nur dem Erhalt der Vitalfunktionen, sondern kann auch ein eigenständiges Lebensmotiv sein, das den Genussmenschen prägt. Allerdings genießt es nur eine geringe allgemeine Akzeptanz. Wer Essen und Trinken zu seinem Lebenszweck macht, wird kaum zu den heutigen Idealtypen von drahtigen und kernigen Asketen gehören, die morgens um fünf aufstehen, um noch zwei Stunden ihrer Fitness zu dienen, bevor sie im Büro erscheinen.

15. Körperliche Aktivität

Auch das Streben nach Fitness und Bewegung stellt ein eigenständiges Lebensmotiv dar, wenngleich es heute häufig als Mittel zum Zweck stark in den Vordergrund gerückt wird und andere Lebensmotive oft überlagert. Ob körperliche Aktivität Selbstzweck ist oder nur Mittel zum Zweck, spielt wohl erst dann eine Rolle, wenn es bis ins Extrem getrieben wird.

16. Ruhe

Ruhe als Streben nach Entspannung und emotionaler Sicherheit ist ein Lebensmotiv, das häufig nicht verwirklicht wird, weil es eine zu geringe gesellschaftliche Akzeptanz hat.

Die Frage nach dem «richtigen» Sinn allgemeingültig zu beantworten, ist wohl nahezu unmöglich. Jeder Mensch wird, kann und muss sie jeweils für sich allein beantworten. Ob eine befriedigende Antwort gefunden wurde, merkt man erst daran, dass die Frage nicht mehr gestellt wird. Es ist zwar möglich, ethisches Verhalten zu lehren, zu lernen und zu praktizieren, doch mit Ethik allein lässt sich die Sinnfrage nicht lösen.

Es gibt eine Vielzahl weiterer Klassifikationen, um Persönlichkeit zu beschreiben. Davon ist das so genannte Big-Five-Modell sicherlich das bekannteste. Es gliedert die sozialen Eigenschaften eines Menschen in fünf Bereiche:

1. Neurotizismus

Neurotizismus beschreibt die emotionale Ansprechbarkeit eines Menschen. Dabei reichen die Ausprägungen von Ängstlichkeit und Depression bis hin zu Reizbarkeit und Impulsivität. Menschen, die sich durch einen niedrigen Neurotizismus auszeichnen, sind zufrieden und selbstsicher, hoch neurotische Personen verfolgen dagegen unrealistische Ziele und können mit Problemen schlecht umgehen.

Man hat festgestellt, dass in jüngeren Jahren Frauen meist neurotischer sind als Männer und mit zunehmendem Alter stabiler und ausgeglichener werden. Bei Männern bleibt dagegen das zwischen dem 20. und 30. Lebensjahr erreichte Niveau meist erhalten.

2. Extraversion

Extraversion beschreibt, wie stark jemand aus sich herausgeht, wie gesellig er ist. Männer unter 30 Jahren sind in der Regel weniger extravertiert als Frauen im gleichen Alter. Nach dem 30. Lebensjahr kehrt sich das Verhältnis um. Frauen beginnen sich mehr zurückzuziehen, während Männer geselliger werden.

3. Verträglichkeit

Hier geht es darum, wie gut ein Mensch mit seinen Mitmenschen auskommt. Bei den Ausprägungen gibt es deutliche Unterschiede. Aber generell kann man davon ausgehen, dass Männer wie Frauen mit zunehmendem Alter immer verträglicher und umgänglicher werden.

4. Gewissenhaftigkeit

Auch Gewissenhaftigkeit ist keine feste Größe. Sie nimmt bei Menschen über 30 zwar langsam, aber stetig zu.

5. Offenheit für neue Erfahrungen

Auch die Offenheit für neue Erfahrungen ist stetigen Veränderungen unterworfen. Sie nimmt bei allen Menschen mit zunehmendem Alter ab.

Diese fünf Faktoren beschreiben fünf unabhängige Dimensionen, aus denen sich ein wesentlicher Teil der alltagspsychologisch repräsentierten Eigenschaften ableiten lässt. Natürlich ist es möglich, die jeweiligen Facetten noch weiter aufzuschlüsseln oder auch auf die so genannten Big Three, nämlich Extraversion, Verträglichkeit und Gewissenhaftigkeit, zu reduzieren.

Mit den Big Five kommt man dem, was man gemeinhin Persönlichkeit nennt, wohl deutlich näher, da hier auch Elemente des Temperaments enthalten sind. Unter Temperament versteht man bestimmte Formenaspekte des Verhaltens, die besonders durch die drei A der Persönlichkeit, nämlich Affekt, Aktivierung und Aufmerksamkeit, bestimmt werden.

Was Temperament wirklich ist, darüber sind sich die Forscher allerdings noch nicht einig. Einige nehmen an, dass es die Persönlichkeitseigenschaften sind, die schon im ersten Lebensjahr beobachtet werden können, die stark genetisch bedingt sind und eine hohe langfristige Stabilität aufweisen. Andere Forscher sind mit einer solchen Definition nicht zufrieden.

Man kann zwar davon ausgehen, dass es bei den Temperamenten zu einer Korrelation zwischen psychologischen und physiologischen Aktivitäten kommt. Wie die sich jedoch darstellt, ist noch nicht ausreichend erforscht. Ich neige zu der Annahme, dass das, was wir gemeinhin als Temperamente bezeichnen, das Denken stärker beeinflusst, als es umgekehrt der Fall ist. Persönlichkeit ist eine Folge des Denkens, Temperament eine der Ursachen. Ganz wichtig ist jedoch, dass im Laufe des Lebens eine Veränderung stattfindet. Alter beeinflusst das Denken im positiven wie im negativen Sinne.

Nun stellt sich natürlich noch die Frage, wie der Begriff Charakter zu bestimmen ist. Charakter setzt sich im Prinzip aus der Persönlichkeit eines Menschen, seinem Temperament, seinem Verhalten und seinen Lebensmotiven zusammen. Wissenschaftlich ist die Bezeichnung Charakter überhaupt nicht zu fassen, am ehesten manifestiert sich Charakter in einem Wertesystem, das sich auf das Verhalten gegenüber den Mitmenschen bezieht.

Da aber Verhalten überwiegend situationsbedingt ist, also von außen gesteuert, wird ein Mensch immer versuchen, die Äußerungen seiner Charaktereigenschaften der jeweiligen Situation anzupassen. Die wahrgenommenen Charaktereigenschaften sind also oft genug nur aus einer Situation heraus zu erklären.

Die Bedeutung des Unbewussten

Erst die neuere Hirnforschung hat den Bereich des Unbewussten in den Blickpunkt gerückt. Immer mehr Hirnforscher waren bereit, von beobachtbaren Vorgängen, speziell bei Menschen mit Schädigungen am Gehirn, auf nicht beobachtbare Vorgänge zu schließen. Und erst bildgebende Verfahren konnten belegen, welche Teile des Gehirns an bestimmten Denkoperationen beteiligt sind, und dass zum Beispiel Gefühle eine weitaus größere Rolle beim Denken spielen, als lange Zeit angenommen wurde.

Die erste Möglichkeit, ein lebendes Gehirn beim Denken beobachten zu können, ohne den Schädel öffnen zu müssen, war die Elektroenzephalographie EEG, die in den dreißiger Jahren des 20. Jahrhundert entwickelt worden war. Mit Hilfe von am Kopf befestigten Elektroden ließen sich die Gehirnströme der Hirnrinde messen. Allerdings blieben die Aktivitäten in tiefer liegenden Schichten des Gehirns ebenso verborgen wie das funktionelle Zusammenspiel der verschiedenen Hirnbereiche. Durch das EEG erhielt man zwar Daten, aber noch keine Bilder.

Dem EEG ähnlich ist die Magnetenzephalographie MEG. Hier werden die magnetischen Signale des Gehirns gemessen, die durch die elektrischen Ströme aktiver Nervenzellen erzeugt werden. Moderne Ganzkopf-MEGs messen mit einer helmartigen Konstruktion, in der sich rund 300 Magnetfeld-Sensoren befinden.

Auch das MEG erzeugt noch keine Bilder, gibt aber in speziellen Fällen, wie zum Beispiel bei der Epilepsie, gute Aufschlüsse darüber, welche Hirnareale wann aktiv sind. Deshalb setzt man das MEG auch für spezielle Forschungszwecke und in Verbindung mit anderen Verfahren recht häufig ein.

Echte Bilder vom Gehirn erhält man durch die Positronen-Emissions-Tomographie (PET). Hierbei handelt es sich um ein Verfahren der Nuklearmedizin, bei der eine radioaktiv markierte Substanz injiziert wird, die Positronen ausstrahlt. Da es sich um ein nuklearmedizinisches Verfahren handelt, nutzt man es eher bei der Diagnose von Erkrankungen, aber nicht zu Forschungszwecken.

Hier hat sich heute weitgehend die Magnetresonanztomographie (MRT) durchgesetzt. Allerdings wird der Laie dadurch irritiert, dass dieses Verfahren noch eine ganze Reihe weiterer Namen besitzt. Die Magnetresonanztomographie wird auch Kernspintomographie genannt oder auf Englisch Magnetic Resonance Imaging (MRI) oder auch Nuclear Magnetic Resonance (NMR). Die MRT arbeitet mit Magnetfeldern und Radiowellen, um Körpergewebe abzubilden.

Seit Anfang der neunziger Jahre benutzt man auch die so genannte funktionelle Magnetresonanztomographie (fMRT), die indirekt den Blutdurchfluss und den Sauerstoffgehalt einzelner Hirnregionen misst und daher auch, wie der Name schon sagt, Funktionen wie Denken und Lernen darstellen kann, bei denen Sauerstoff im Gehirn verbraucht wird.

Die hübschen bunten Bilder, die man heute vom Gehirn sieht, darf man allerdings nicht als Fotografien interpretieren. Sie entstehen erst dadurch, dass der Computer, mit dem die Signale des Magnetresonanztomographen ausgewertet werden, bestimmte Rechenwerte farblich darstellt. Damit die so gewonnenen Bilder allerdings eine Aussagekraft bekommen, bedarf es raffinierter psychologischer Experimente, die das Gehirn in einer ganz bestimmten Art und Weise anregen und beeinflussen.

Wie können wir heute zu den Wurzeln unseres Denkens vordringen? Natürlich arbeitet die Wissenschaft fieberhaft daran, die Funktionen und Reaktionen des Gehirns zu entschlüsseln, und es wird in wenigen Jahren sicherlich schon möglich sein, für jedermann einen Hirnscan anzubieten, der zumindest die wesentlichen Potenziale und Defizite eines Gehirns entdeckt und entschlüsselt. Vielleicht werden solche Verfahren dann schon «freiwillige» Bestandteile bei der Beurteilung von Bewerbern für Berufe oder bei der Entscheidung über eine Beförderung sein. Das sind sicherlich keine sehr beruhigenden Nachrichten.

Der erste Schritt zu einer davon unabhängigen Beurteilung seiner selbst mag darin liegen, zu akzeptieren, dass das Unbewusste der eigentliche Steuermann unseres Lebens ist. Aber auch für das Unbewusste gibt es drei große Einflussfaktoren:

Der eine sind die Gene, die Grundlagen schaffen und Veränderungen dirigieren.

Der zweite und ganz wesentliche Faktor ist das Verhalten anderer Menschen und dessen Wirkung auf das Denken durch Signale, die so gut wie nie das Bewusstsein erreichen.

Der dritte Einflussfaktor sind die Lebensbedingungen, denen wir von Geburt an ausgesetzt waren und die uns besonders als Jugendliche und junge Erwachsene geformt haben.

Was der Mensch braucht, um sein eigenes Denken besser verstehen zu können, ist deshalb Achtsamkeit gegenüber der Vielzahl von Gedanken, die scheinbar aus dem Nichts auftauchen, und eine möglichst große Menge von Erfahrungen, die damit verknüpft sind, also mithin ein gewisses Alter, da sich Erfahrungen nun einmal nicht ad hoc einstellen. Nicht zufällig ist es so, dass viele Menschen nach ihrem 40. Lebensjahr und auch noch deutlich später etwas vollkommen Neues beginnen. Sie sind dann offensichtlich darauf gestoßen, dass das, was sie bisher dachten und wonach sie bisher handelten, überhaupt nicht ihrer wahren Natur entspricht. Allerdings sei an dieser Stelle gleich die Warnung ausgesprochen, dass dieses In-sich-hinein-Hören manchmal auch zu fürchterlichen Irrtümern führt. Aber das sollte niemanden davon abhalten, über sein Denken immer wieder selbst nachzudenken.

Gene und Gesellschaft – Was formt Gehirn und Geist?

Die Diskussion darüber, was den Menschen mehr prägt, seine Gene oder die Gesellschaft, reicht bis weit ins 19. Jahrhundert zurück. Die Vorstellung, dass der Mensch als unbeschriebenes Blatt auf die Welt kommt und ihn erst die Erziehung zu dem macht, was er sein Leben lang ist, geht auf den Philosophen John Locke (1632–1704) zurück. Diese Idee hat jedoch ebenso zu falschen Vorstellungen und Verhaltensweisen geführt wie die Ansicht, dass allein die Gene darüber entscheiden, was für ein Mensch man wird und welches Leben man führt.

In beide Richtungen gab es Auswüchse und die öffentliche Meinung schloss sich mal der einen, mal der anderen Denkweise an. Heute ist die Wissenschaft bei einem Sowohl-als-auch gelandet. Es gilt nicht mehr *nature versus nurture*, sondern *nature via nurture*. Daraus ergibt sich dann, dass das Gehirn als Organ von den in ihm ablaufenden und produzierten geistigen Prozessen und Reaktionen auf die Umwelt über die Gene ebenso beeinflusst wird wie die geistigen Prozesse von der reibungslosen Funktion aller organischen Abläufe.

Um es auf eine kurze Formel zu bringen: Ein organisch gesundes Gehirn produziert keine kranken Gedanken, zumindest nicht solche, die zu schweren Fehlern im Verhalten führen. Wird ein Mensch durch Fehlverhalten auffällig, so liegen die Ursachen dafür wahrscheinlich auch in organischen Funktionsstörungen, die aber mit den zurzeit vorhandenen Diagnosemöglichkeiten noch nicht oder nur unvollständig nachzuweisen sind.

Die Hirnforschung geht heute weitgehend davon aus, dass Sexualstraftäter oder Mörder unter organischen Fehlfunktionen des Gehirns auf der Ebene der Informationsverarbeitung und -verknüpfung leiden. Diese Fehlfunktionen waren früher weder durch Röntgenaufnahmen noch durch Untersuchungen am Gehirn Verstorbener zu diagnostizieren. Erst mit Hilfe der bildgebenden Verfahren wurde es möglich, im Rahmen von bestimmten Versuchsanordnungen unterschiedliche Aktivitäten im lebenden Gehirn festzustellen.

Bei Mördern und Sexualstraftätern finden im Frontalhirn bestimmte Prozesse, die der sozialen Kontrolle dienen und das Handeln mit bestimmten Gefühlen verbinden, nicht oder nur ungenügend statt. Dafür kann es verschiedene Ursachen geben. Entweder erlitt dieser Mensch als Kleinkind unbemerkte hirnorganische Verletzungen oder erlebte Dinge, die zu fehlerhaften Verschaltungen im Gehirn führten. Natürlich können auch ererbte Eigenschaften eine Rolle spielen.

Über die genaue Bedeutung, den Umfang und die Auswirkungen solcher Defekte ist man sich heute allerdings noch weitgehend im Unklaren. Wichtig erscheint jedoch, dass der Krankheitsbegriff eindeutig auch auf Vorgänge erweitert werden muss, die sich bisher jeglicher Beobachtung entzogen haben. Dass sich in diesem Zusammenhang die Diskussion um den freien Willen wieder neu entzündet, ist unausweichlich.

Solange das Bewusstsein als oberste Autorität galt, konnte man auch davon ausgehen, dass dort der Wille und damit auch die Entscheidungsfreiheit einer Person sowie deren Verantwortung für ihr Handeln ihren Sitz hat. Werden Entscheidungen jedoch unbewusst und damit unabhängig vom Bewusstsein getroffen, sind sie sowohl der Beobachtung als auch der Kontrolle des handelnden Menschen entzogen.

Gehirn und Geist stehen in einer Beziehung zueinander wie Muskeln zur Bewegung. Muskeln erzeugen Bewegung und werden gleichzeitig durch Bewegung trainiert, also veranlasst, sich in eine bestimmte Form zu entwickeln und auszubilden. Ein Muskel, der nicht benutzt wird, verkümmert, und Ähnliches gilt auch für Gehirn und Geist. Insofern sind Veranlagung und Umwelt eng aufeinander bezogen.

Grundsätzlich kann man davon ausgehen, dass der Mensch als soziales Wesen angelegt ist. Die Gene erhöhen ihre Überlebenschance nicht dadurch, dass sich Mann und Frau allein durchs Leben schlagen und sich nur gelegentlich zum Akt der Fortpflanzung begegnen, sondern dadurch, dass der Mensch in der Gemeinschaft mit anderen lebt. Also ist der Mensch spätestens ab seiner Geburt gezwungen, mit anderen zu interagieren.

Es muss also von Anfang an eine Vorstellung davon vorhanden sein, dass es sowohl ein Ich als auch andere gibt. Zwischen diesem Ich und den anderen muss so früh wie möglich und so effizient wie möglich eine Interaktion hergestellt werden, die universell und in gleicher Weise bei allen Menschen funktioniert und nicht erst in langwierigen Lernprozessen erworben werden muss. Dem ist man in der empirischen Forschung durch die Beobachtung von Kleinkindern oder auch durch Tierversuche auf die Spur gekommen.

Psychologen, die sich mit dem Problem befassen, wie man andere Menschen beeinflussen kann, sind auf einige Grundprinzipien gestoßen, die überall auf der Welt das menschliche Zusammenleben regeln und die zumindest bei anderen Säugetieren, vor allem bei Primaten, in ähnlicher Weise wiederzufinden sind. Diese Prinzipien sind:

1. Autorität
2. Reziprozität, also Gegenseitigkeit
3. Sympathie, basierend auf Ähnlichkeit
4. Konsistenz im Sinne von Verlässlichkeit im Hinblick auf eine einmal getroffene Entscheidung
5. Soziale Bewährtheit, also die Bereitschaft, andere nachzuahmen, weil sie durch ihr Verhalten in eine bestehende Gemeinschaft integriert sind und daraus Vorteile ziehen.

Mit der Anwendung dieser Prinzipien gelingt es, andere Menschen in ihrem Verhalten zu beeinflussen. Dass dieser Einfluss seine Wirkung nicht im Bewusstsein entfaltet, sondern unbewusst funktioniert, braucht wohl kaum erwähnt zu werden.

Drei Grundmuster bestimmen die Gefühle, das Denken und das Verhalten

Damit sich diese Prinzipien allerdings überhaupt entwickeln können, brauchen sie bei jedem Menschen drei Grundmuster, die die Basis für alle weiteren gefühlsmäßigen und später auch intellektuellen Prozesse im Gehirn bilden. Diese drei Grundmuster sind:

1. «Es ist richtig.»
2. «Es ist möglich.»
3. «Ich will es.»

Aus diesen drei Grundmustern lassen sich alle Prinzipien ableiten, die unser Fühlen und Denken und damit auch unser Handeln bestimmen. Das Grundmuster «Es ist richtig» beginnt schon bei den einfachsten Empfindungen eines Neugeborenen. Es ist richtig, keinen Hunger und keinen Durst zu haben, und es ist falsch, wenn diese Gefühle auftreten. Es ist richtig, dass es nicht zu warm oder zu kalt ist, es ist richtig, die Nähe der Mutter zu spüren.

Bei dem Grundmuster «Es ist richtig» geht es also keineswegs um ein abstraktes Rechtsempfinden oder um moralische und gesellschaftliche Normen, sondern um ein ganz konkretes Körpergefühl, auf dem im Laufe der Zeit andere Gefühle aufbauen und später im Leben mit ebendiesen gesellschaftlich verbindlichen Normen verknüpft werden.

Nicht nur dem Neugeborenen liefern seine Gefühle den Maßstab dafür, ob das, was mit ihm geschieht, was ihm widerfährt, richtig oder falsch ist. Diese Gefühle halten ein Leben lang an. Ob sie sich nun durch konkrete, bewusste Gedanken äußern oder aber durch diffuse Kopf- oder Magenschmerzen, im Hintergrund steht immer der höchstpersönliche Eindruck «Es ist richtig» oder «Es ist falsch», sei es nun etwas, das ich nur denke, das ich tue oder das mir zustößt.

Das zweite Grundmuster «Es ist möglich» taucht ebenfalls schon in den frühesten Momenten unseres Lebens auf. Wir machen die Erfahrung, dass das, was falsch ist, sich ändern lässt. Wenn man hungrig ist, kann man gesättigt werden, und Durst kann man stillen. Die Empfindung, dass etwas geschieht, was wir als richtig empfinden, verankert sehr früh die Vorstellung, dass das positive Geschehen möglich ist. Auch darauf begründen sich im späteren Leben viele Gefühle und weitaus komplexere Gedankenmuster.

Das Prinzip Hoffnung basiert zum Beispiel ganz eindeutig auf dem Grundmuster, dass etwas möglich ist. Würden wir nicht mit dem Eintreten eines bestimmten Ereignisses rechnen können, würde es für die meisten Menschen keine Hoffnung geben, und damit würde auch die wichtigste Antriebskraft fürs Glücklichsein entfallen.

Ebenfalls in der frühesten Phase seines Lebens stellt der Mensch schon fest, dass, wenn etwas richtig ist und es möglich ist, er es auch durch seinen Willen herbeiführen kann. Schon Säuglinge machen sich bemerkbar, wenn sie etwas wünschen. Und die Erfahrung, dass ein solcher Wunsch in der Regel auch befriedigt wird, verstärkt jedes Mal das Grundmuster, dass man es nur wollen muss, wenn man es haben möchte. So wird der eigene Wille zum Grundmuster allen bewussten wie unbewussten Denkens und auch des Handelns.

Wie wichtig und universell diese drei Grundmuster sind, erkennen wir daran, dass sie nicht nur in jeder menschlichen Gesellschaft ausgestaltet werden und sich im kollektiven Denken widerspiegeln, sondern dass sie sich auch in allen Formen des religiösen Denkens im weitesten Sinne wiederfinden, indem sie nämlich auf eine höhere Institution übertragen werden. Gott hat Recht, was er tut, ist richtig, und er hat den Menschen die Fähigkeit gegeben, zwischen Richtig und Falsch zu unterscheiden. Für Gott ist nichts unmöglich, und wenn etwas geschieht, so entspringt es seinem Willen und nicht etwa dem puren Zufall.

Dass es diese drei Grundmuster sind, die die Gefühle, das Denken und das Verhalten der Menschen bestimmen, bedeutet nicht, dass sie den Menschen automatisch in die richtige Richtung führen. Nicht nur die Grundgefühle können irren, sondern ganz besonders auch der Verstand, der bestimmte Dinge verstehen können muss und Zusammenhänge herzustellen versucht.

Ein Mensch hat keineswegs immer Recht, es ist ihm auch keineswegs alles möglich, auch wenn die Hoffnung zuletzt stirbt. Und es nützt auch nichts, wenn er etwas Bestimmtes will, wenn andere es nicht wollen oder die Verhältnisse die Verwirklichung des Willens nicht zulassen. Dieses Spannungsverhältnis zwischen den Grundmustern, die in alle Ecken und Winkel unser Persönlichkeit hineinwirken, und der erlebten und wahrgenommenen Wirklichkeit hält unser Leben lang an und bestimmt nicht nur die Qualität unseres Lebens, sondern unsere gesamte Existenz.

Die Gene und das Gehirn

Gene steuern nicht nur den Aufbau und die Entwicklung des Körpers, sondern auch des Gehirns, denn schließlich ist es auch nur ein Teil des ganzen Menschen. Ebenso wie die Gene im Körper auf Umweltreize und auf körpereigene Informationen reagieren und biologische Prozesse an- oder abschalten, geschieht dies auch mit den Gehirnzellen. Diese genetische Ausstattung wirkt nicht nur während der äußerlich sichtbaren Entwicklungsphasen Kindheit und Jugend, sondern ein Leben lang.

Die Gene halten Vorgaben bereit, die sich allerdings nur in einer geeigneten Umwelt entwickeln können. Nur wenn die vorgegebenen Eigenschaften gefördert und gefordert werden, entwickeln sie sich zu brauchbaren Fähigkeiten. Ohne Förderung und Forderung verkümmern sie und lassen anderen Eigenschaften den Vortritt.

Man kann mit großer Sicherheit annehmen, dass bei jedem Menschen zu Beginn seines Lebens ein solches Fähigkeitsmuster vorhanden ist und dass diese Fähigkeiten auch das Ziel verfolgen, sich zu entwickeln. Leider ist es keineswegs einfach, diese Befähigungsmuster bei einem Menschen so frühzeitig zu entdecken, dass sie gezielt gefördert werden können. Im Grunde genommen muss man darauf vertrauen, dass der einzelne Mensch in seiner Entwicklung den für ihn richtigen Weg gehen wird und diesen durch seine Interessen deutlich macht.

Es nützt dem Kind wenig, wenn die Eltern versuchen, die Interessen in eine bestimmte Richtung zu lenken. Wo keine ausgeprägten Fähigkeiten sind, kann man sie auch nicht wachrufen, auch wenn man noch so schöne Angebote macht. Aber geradezu verheerend wirkt es sich aus, wenn bestimmte Interessen nicht nur kanalisiert, sondern radikal unterbunden werden.

Ob ein musikalisch veranlagtes Kind mit christlichen Liedern oder den Gesängen der afrikanischen Buschmänner aufwächst, ist für seine weitere musikalische Entwicklung ziemlich gleichgültig. Selbst Kinder, deren Eltern taub sind, können musikalische Fähigkeiten durchaus entwickeln. Nur das grundsätzliche Verbot von Musik wäre für die Entwicklung eines Talents fatal.

Talente – Die Mischung aus Anlagen und Erworbenem

Im Hinblick auf das, was Talente sind, haben wir in der Regel eine erstaunlich beschränkte Sichtweise. Talente gibt es keineswegs nur in Form von künstlerischer, mathematischer oder sportlicher Begabung. Wie breit der Fächer von Talenten ist, sieht man bei den Untersuchungen von Marcus Buckingham vom amerikanischen Gallup-Institut. In rund 80 000 Interviews wurden insgesamt 34 Talent-Leitmotive ermittelt.[6]

Gallup zählt zu den Talenten jedes nachhaltige Denk-, Gefühls- oder Verhaltensmuster, das produktiv eingesetzt werden kann. Einige Talente beziehen sich auf die Person, andere auf eine Kategorie oder auf eine Eigenschaft. Jeder Mensch verfügt über ein ganz bestimmtes Potenzial von Stärken, und er ist dann am erfolgreichsten, wenn er die Chance hat, das zu tun, was er am besten kann.

Hier die Liste der 34 Talent-Leitmotive des Gallup-Institutes:

1. Analytisch
2. Anpassungsfähigkeit
3. Arrangeur
4. Autorität
5. Bedeutsamkeit
6. Behutsamkeit
7. Bindungsfähigkeit
8. Disziplin
9. Einfühlungsvermögen
10. Einzelwahrnehmung
11. Enthusiasmus
12. Entwicklung
13. Fokus
14. Gerechtigkeit
15. Harmoniestreben
16. Höchstleistung
17. Ideensammler
18. Integrationsbestreben
19. Intellekt
20. Kommunikationsfähigkeit
21. Kontaktfreudigkeit
22. Kontext
23. Leistungsorientierung
24. Problemlösung

6 Marcus Buckingham/Donald O. Clifton: Entdecken Sie Ihre Stärken jetzt!

25. Selbstbewusstsein
26. Strategie
27. Tatkraft
28. Überzeugung
29. Verantwortungsgefühl
30. Verbundenheit
31. Vorstellungskraft
32. Wettbewerbsorientierung
33. Wissbegierde
34. Zukunftsorientierung

1. Analytisch
Für Menschen mit dem Talent zu analytischem Denken sind Daten und Fakten die Grundlage ihres Handelns. Sie sind stets auf der Suche nach Gründen und Ursachen und erkennen häufig Strukturen, Formate und Muster, die andere übersehen.

2. Anpassungsfähigkeit
Anpassungsfähigen Menschen liegen schnelle Entscheidungen, langfristige und eintönige Arbeiten können sie dagegen langweilen. Auf Veränderungen reagieren sie flexibel und tun das, was notwendig und gefordert ist, unabhängig von den ursprünglichen Planungen. Sie sind auch in der Lage, mehrere unterschiedliche Anforderungen gleichzeitig zu erfüllen.

3. Arrangeur
Arrangeure zeichnen sich durch ihr Organisationstalent aus. Mit komplizierten Problemstellungen haben sie keine Probleme, weil sie Strukturen und Zusammenhänge erkennen. Sie sind in der Lage, selbst komplexen Situationen eine Ordnung zu geben. Arrangeure sind stets auf der Suche nach der besten Lösung, reagieren schnell auf Veränderungen und gehen gern neue Wege. Sie sehen Chancen, die andere Menschen nicht erkennen.

4. Autorität

Menschen mit einer starken Autorität haben eine eigene Meinung, die sie vertreten und nicht ohne gewichtige Gründe aufgeben oder ändern. Realitätssinn und Ehrlichkeit bilden die Grundlage ihres Handelns. Sie übernehmen gern Verantwortung und scheuen keine Konflikte, denn es ist für sie reizvoll, Probleme zu lösen.

5. Bedeutsamkeit

Menschen, für die ihre Bedeutsamkeit am wichtigsten ist, brauchen die Anerkennung durch ihre Umwelt. Wird ihnen diese verweigert, wenden sie sich ab. Sie arbeiten zielstrebig und mit aller Kraft daran, professionell und glaubwürdig zu sein.

6. Behutsamkeit

Behutsame Menschen wünschen sich möglichst hundertprozentige Sicherheit, deshalb sind sie sehr vorsichtig und arbeiten sehr sorgfältig. Bei ihrer Planung informieren sie sich möglichst umfassend über die Dinge, um auch vorauszusehen, was schief gehen könnte. Nur dann fühlen sie sich sicher.

7. Bindungsfähigkeit

Bindungsfähige Menschen geben Vertrauen und erwarten es auch von anderen. Wichtig ist für sie eine vertraute Umgebung. Freunde geben ihnen Sicherheit und Zufriedenheit, und Probleme lösen sie am liebsten mit ihnen gemeinsam.

8. Disziplin

Disziplinierte Menschen brauchen eine gewisse Routine, feste Gewohnheiten, überschaubare Fristen und konkrete Termine. Denn sie haben ein Bedürfnis nach Ordnung, Planung und Struktur. Sie arbeiten sehr präzise und zuverlässig. Um nie die Kontrolle und Übersicht zu verlieren und vor Überraschungen geschützt zu sein, arbeiten sie gern mit Zeitplänen und Checklisten.

9. Einfühlungsvermögen

Menschen mit Einfühlungsvermögen sind besonders gut in der Lage, die Gefühle und die Denkweise ihrer Mitmenschen zu erkennen und zu verstehen.

10. Einzelwahrnehmung

Menschen mit dem Talent Einzelwahrnehmung sehen die Einzigartigkeit jedes einzelnen Menschen, seine besonderen Fähigkeiten und die Notwendigkeit, ihn auch entsprechend seiner ganz speziellen Persönlichkeit zu behandeln. Ihre besonders gute Beobachtungsgabe befähigt sie, die verschiedenen Mitmenschen stark differenziert wahrzunehmen und ihre besonderen Eigenschaften zu erkennen.

11. Enthusiasmus

Menschen mit dem Talent Enthusiasmus gewinnen dem Leben stets etwas Positives ab. Rückschläge können sie gut verarbeiten. Probleme werden einfach gelöst, manchmal auch dadurch, dass man den negativen Erfahrungen konsequent aus dem Wege geht. Und enthusiastische Menschen sind auch in der Lage, andere Menschen mit ihrer Begeisterung anzustecken.

12. Entwicklung

Menschen mit dem Talent Entwicklung sind von dem Wunsch getrieben, anderen zum Erfolg zu verhelfen. Sie verfügen über die Fähigkeit, die Potenziale anderer Menschen zu erkennen und diese zu motivieren, ihre bisher unerkannten Fähigkeiten zu entdecken.

13. Fokus

Menschen mit dem Talent zur Fokussierung entwickeln klar umrissene Ziele und verfolgen diese ohne Umwege. Anhand dieser Ziele unterscheiden sie ganz deutlich zwischen wichtig und unwichtig, zielführend oder nicht zielführend. Wenn es notwendig erscheint, sind sie in der Lage, die Ziele neu zu definieren oder auch neue Wege zur Erreichung der Ziele einzuschlagen.

14. Gerechtigkeit

Menschen mit einem stark entwickelten Gerechtigkeitsgefühl brauchen klare Regeln, an die sich alle zu halten haben. Sie sind gegen soziale Ungleichheit, Unfairness und Egoismus, jeder soll die Chance erhalten, die er verdient. Wird jemand ungerecht behandelt, setzen sie sich für die Benachteiligten ein. Zuverlässigkeit hat für sie einen hohen Stellenwert, denn sie wollen andere Menschen nicht enttäuschen.

15. Harmoniestreben

Menschen, die nach Harmonie streben, sind davon überzeugt, dass Konflikte nicht zum Ziel führen. Für sie steht das Suchen nach Gemeinsamkeiten und Übereinstimmungen im Mittelpunkt. Frieden zu stiften oder bei Konflikten zu vermitteln, ist für sie wichtiger, als ihre Mitmenschen von der eigenen Meinung zu überzeugen oder eine Führungsposition zu bekleiden.

16. Höchstleistung

Menschen, die Höchstleistungen erreichen wollen, forschen nach ihren Talenten und setzen alles daran, diese auszubauen, anstatt zu versuchen, ihre Schwächen abzubauen. Durchschnittliche Leistungen und Lebensweisen finden sie langweilig und suchen deshalb auch die Gesellschaft anderer Menschen, die hochtalentiert sind.

17. Ideensammler

Ideensammler sind ständig auf der Suche nach etwas Neuem. Sie interessieren sich für fast alles, lesen und reisen auch gern, um weiteres Wissen zu erwerben und auf neue Ideen zu kommen. Wenn sie neben den Ideen materielle Dinge sammeln, geht es ihnen weniger um deren Wert, sondern eher um die Informationen und Geschichten, die sich darum ranken.

18. Integrationsbestreben

Für Menschen, die nach Integration streben, sind alle Menschen in gewisser Weise gleich und sollten Teil einer großen Gemeinschaft sein. Sie sind davon überzeugt, dass sich durch die Integration alle Probleme lösen lassen, und sie haben auch die Fähigkeit, andere Menschen in Gruppen einzubeziehen.

19. Intellekt

Für intellektorientierte Menschen ist es das Größte, nachzudenken, egal ob allein oder gemeinsam mit anderen. Dabei entwickeln sie neue Ideen oder lösen auch nur bestehende Probleme.

20. Kommunikationsfähigkeit

Ein kommunikationsfähiger Mensch ist in der Lage, sowohl seine eigenen Gedanken in Worte zu fassen als auch andere mit seinen Gedanken anzustecken und für Ideen zu begeistern. Er kann auch gut abstrakte Sachverhalte in Geschichten kleiden, die von jedem verstanden werden. Zu moderieren und zu referieren fällt ihm besonders leicht.

21. Kontaktfreudigkeit

Kontaktfreudigen Menschen fällt es leicht, auf andere zuzugehen, den Menschen für sich zu erschließen und eine Beziehung aufzubauen. Sie finden immer Gemeinsamkeiten als Grundlage für weitere Kontakte.

22. Kontext

Menschen, die im Kontext denken und handeln, stellen die Gegenwart immer in einen Zusammenhang mit früheren Ereignissen. In der Vergangenheit suchen sie Gründe für die Verhaltens- und Denkweisen ihrer Mitmenschen.

23. Leistungsorientierung

Stark leistungsorientierte Menschen streben ständig danach, etwas zu erreichen. Dabei verfolgen sie ein Ziel nach dem anderen, sind ständig unzufrieden und können schlecht einmal zur Ruhe kommen. Sie können sich gut in neue Aufgaben einarbeiten und verfügen über ein starkes Durchhaltevermögen.

24. Problemlösung

Menschen mit dem Talent Problemlöser geht es darum, die alte oder die für richtig erachtete Ordnung wiederherzustellen. Unvorhergesehene Ereignisse, Schwierigkeiten und Fehler begeistern sie, denn es macht ihnen Spaß, Probleme zu lösen und das, was nicht funktioniert, zu reparieren.

25. Selbstbewusstsein

Selbstbewusste Menschen sind von ihren Stärken und Fähigkeiten fest überzeugt. Sie lassen sich nicht gern Vorschriften machen, denn Unabhängigkeit ist ihnen sehr wichtig. Ihren Mitmenschen können sie Halt und Orientierung geben.

26. Strategie

Strategisch denkende Menschen finden immer einen Weg zum Ziel. Dabei ist nicht das Ziel an sich wichtig, sondern der richtige Weg dorthin. Um Probleme zu vermeiden, legen diese Menschen Wert auf eine gute Planung. Und wenn ein Plan nicht funktioniert, finden sie schnell Alternativen.

27. Tatkraft

Für Menschen mit einer ausgeprägten Tatkraft ist das Tun an sich am wichtigsten. Sie wollen möglichst schnell ihre Gedanken in die Realität umsetzen und sind ungeduldig. Deshalb verzichten sie auf genaue und detaillierte Planungen.

28. Überzeugung

Menschen mit dem Talent Überzeugung tun nur das, was für sie Sinn und Zweck hat. Das ist die Basis für ein verantwortungsbewusstes und moralisches Handeln. Sie sind gut in der Lage, vertrauensvolle und dauerhafte Beziehungen zu ihren Mitmenschen aufzubauen.

29. Verantwortungsgefühl

Auf Menschen mit einem großen Verantwortungsgefühl kann man sich hundertprozentig verlassen. Für sie zählen Ehrlichkeit und Loyalität mehr als schnelle Erfolge. Sie kommen stets ihren Verpflichtungen nach und hassen Ausreden und Entschuldigungen.

30. Verbundenheit

Menschen mit dem Talent Verbundenheit sind der Überzeugung, dass alle Menschen irgendwie miteinander verbunden sind und einen Teil von etwas Größerem darstellen. Deshalb hat für sie Verständnis und Vermittlung zwischen den Menschen höchste Priorität. Sie sind rücksichtsvoll und fürsorglich. An den Zufall glauben sie nicht, sondern daran, dass alles, was geschieht, einen Sinn hat.

31. Vorstellungskraft

Menschen mit dem Talent zur Vorstellungskraft interessieren in erster Linie die Ideen, die hinter den Dingen stecken oder stecken könnten. Sie suchen ständig Zusammenhänge und Verknüpfungen. Schon allein aus dem Vorgang des Denkens beziehen sie ihre Energie und Befriedigung.

32. Wettbewerbsorientierung

Menschen mit dem Talent Wettbewerbsorientierung brauchen den Wettbewerb, denn sie streben danach, zu siegen. Sie sind ständig auf der Suche nach einem Vorteil, der ihnen den Vorsprung vor anderen und damit den Sieg sichert.

33. Wissbegierde
Wissbegierige Menschen streben stets danach, etwas Neues zu lernen. Nicht das Wissen oder Können an sich oder die Perfektion auf einem bestimmten Gebiet steht im Mittelpunkt, sondern der Lernprozess, in dem Unwissenheit in Kompetenz verwandelt wird.

34. Zukunftsorientierung
Menschen mit starker Zukunftsorientierung haben den Drang, sich nach vorn zu bewegen. Ihre Vorstellung von dem, was sein kann und was sein sollte, spornt sie an und gibt ihnen Energie. Sie sind der Überzeugung, dass man nicht auf der Stelle stehen bleiben kann. Wer sich nicht vorwärts bewegt, geht zurück.

Diese Vielzahl von Talenten lässt sich aufteilen in motivationale Talente, kognitive Talente und Beziehungstalente. Motivationale Talente zeichnen sich dadurch aus, dass sie in zielgerichtete Aktivitäten münden, wie zum Beispiel Leistungsorientierung. Kognitive Talente beziehen sich auf die Wahrnehmung und das Erkennen von Sachverhalten und Prozessen, zum Beispiel Problemlösung. Beziehungstalente, wie zum Beispiel Einfühlungsvermögen, lassen sich am leichtesten bei einem Menschen erkennen, während viele andere Talente nur mit Mühe zu entdecken sind.

Es gibt keinen Menschen, der nicht über Talente verfügt. Oft braucht er nur eine längere Zeit, diese zu entdecken. Denn unser Ausbildungssystem ist bisher nicht darauf eingerichtet, bei Kindern und Jugendlichen deren Talente zu entdecken und zu fördern. Vielmehr geht es in den Schulen darum, eine möglichst gleichmäßige Bildung auf einem bestimmten Niveau zu vermitteln. So ist es nicht verwunderlich, dass viele Menschen erst im fortgeschrittenen Alter ihre Talente entdecken und dann plötzlich mit 40 oder 50 Jahren ein völlig neues Leben beginnen. Oder die Talente eines Menschen bleiben für immer dem Freizeitbereich vorbehalten, wo er dann sein wirkliches Leben führen kann.

Viele Talente bestehen aus bestimmten Verhaltensweisen oder beziehen doch ein ganz bestimmtes Verhalten mit ein. Der Ursprung von Verhalten wird nun wieder gern mit Begriffen wie Charakter, Temperament oder Persönlichkeit in Bezug gesetzt, von denen man eben allgemein annimmt, dass sie hauptsächlich durch die Veranlagungen bestimmt werden. Den Denkprozess als solchen und die dem Denken zugrunde liegenden Muster lässt man bisher lieber weitgehend außen vor. Aber auch das Denken muss sich in einer bestimmten Weise entwickeln. Welche Bedeutung dabei Erziehung und Familie haben, ist noch ziemlich unklar.

Erziehung und Elternhaus

Empirische Untersuchungen haben ergeben, dass Führungskräfte in der Wirtschaft überwiegend aus Familien des gehobenen Bürgertums stammen. Nach Ermittlungen des Darmstädter Soziologieprofessors Michael Hartmann stammen über 80 Prozent derjenigen, die an der Spitze eines Unternehmens stehen, aus dem Bürgertum, die Hälfte von ihnen kommt sogar aus dem gehobenen Bürgertum. Zum Bürgertum gehören aber nur 3,5 Prozent und zum gehobenen Bürgertum nur 0,5 Prozent der Bevölkerung. Von den Vorstandsvorsitzenden der 2005 im DAX gelisteten 30 Unternehmen kamen 22 aus einer Chef-Familie, sechs aus der Mittelschicht und nur zwei, Werner Wenning von Bayer und Klaus Kleinfeld von Siemens, aus einer Arbeiterfamilie.

Hartmann hat festgestellt, dass in den 400 größten deutschen Unternehmen die Chance auf eine Führungsposition für den promovierten Nachwuchs aus dem Großbürgertum dreimal so groß ist wie für einen qualifizierten Promovierten aus der Mittelschicht oder der Arbeiterklasse. Selbst für einen Abkömmling des gehobenen Bürgertums ist die Chance immerhin noch doppelt so hoch wie für jemanden, der sich von ganz unten nach oben arbeiten muss.

Warum das so ist, welche Rolle die Umwelt spielt, wie und wann sie das Denken beeinflusst, hat Professor Hartmann untersucht. Sein Ergebnis: Die entscheidende Rolle spielen nicht Leistung und Einsatzbereitschaft, sondern der familiäre Hintergrund, also die Herkunft.

Aber nicht nur die guten Beziehungen der Familie entscheiden über eine Karriere, sondern auch die Denkmuster, die man schon als Kleinkind erlernt hat. Und da steht an erster Stelle der selbstverständliche Umgang mit der Macht. Kinder aus der Mittelschicht werden, wenn sie gut sind, Experten, aber selten Leittiere, die nach Macht streben.

Die Chancen, zur gesellschaftlichen und wirtschaftlichen Elite aufzusteigen, sind heute in der stagnierenden Wirtschaft allerdings so schlecht wie schon lange nicht mehr. Wenning, der bei Bayer eine Lehre zum Industriekaufmann gemacht hatte, hatte eine Chance, weil er schon mit Anfang 20 für seine Firma nach Peru ging. Dort war er als Mitarbeiter eines bedeutenden Unternehmens auch gleichzeitig Mitglied der gehobenen Gesellschaftsschicht. So lernte er den Habitus der Mächtigen und schaffte den gesellschaftlichen Aufstieg. Auch Klaus Kleinfeld, der aus einem Bremer

Arbeiterviertel stammt, erhielt durch die Arbeit für Siemens in den USA die Chance für den Klassensprung.

Chancengleichheit ist nichts weiter als ein Thema für Sonntagsreden und die Idee von der Leistungsgesellschaft eine große Selbsttäuschung. Doch gerade die Wirtschaftselite hält an dieser Leistungsideologie fest. Für sie haben alle, die keine Karriere machen oder schlecht bezahlt werden, ganz allein selbst Schuld. Entweder wollen sie nicht oder sie können das einfach nicht. Sie selbst, die Angehörigen der Wirtschaftselite, sind nur deshalb in ihre Positionen aufgerückt, weil sie viel mehr konnten und einfach besser waren als die anderen und immer nur hart gearbeitet haben.

Als in den sechziger und siebziger Jahren wegen des kräftigen Wirtschaftswachstums jeder Tüchtige gebraucht wurde, musste die Elite auch solche Manager aufnehmen, die nicht über den richtigen Stallgeruch verfügten. Das ist in einer stagnierenden Wirtschaft anders. Die Positionen sind rar und der Konkurrenzkampf ist groß. Es kommt immer weniger auf Leistung und mehr auf Biss an, und den haben diejenigen einfach besser geübt, bei denen das Elitesein schon immer ganz selbstverständlich zum Alltag gehörte.

Ob es einem nun gefällt oder nicht, Erziehung und Elternhaus haben für die weitere Entwicklung eines Menschen, besonders im Beruf, einen ausgesprochen hohen Stellenwert. In der Familie werden Werte und Normen vermittelt, die das Verhalten eines Menschen, ganz besonders aber seine Selbstsicht prägen. Unabhängig davon, welchen Lebensweg er auch wählt, werden diese Werte ihn begleiten.

Besonders jüngere Mitarbeiter, die aus der breiten Masse der Bevölkerung stammen, bewerten diesen Faktor der Herkunft zu gering. Das Ideal der Chancengleichheit ist fest als

Denkmuster in ihren Köpfen verankert. Leider entspricht es gerade im Bereich der Hochschulen und Universitäten nicht der Realität. In Massenveranstaltungen werden wenn nicht die Arbeitslosen, so doch die Berufsumsteiger von morgen gezüchtet. Die Elite hat längst ihre eigenen Bildungsstätten.

Erst ältere Berufstätige sind in der Lage zu erkennen, dass sie ihr Startdefizit ein Leben lang nicht aufholen werden, und es gehört zu ihren wichtigsten Aufgaben, den jüngeren Mitarbeitern zu helfen, sich auch in Habitus und Kommunikation weiterzuentwickeln.

Was ist Denken?

Auf die Frage «Was ist Denken?» wird man wahrscheinlich sehr unterschiedliche Antworten bekommen, abhängig davon, wen man fragt. In der Alltagspsychologie wird man mit Denken gewöhnlich all jene Prozesse bezeichnen, die uns bewusst sind und die wir aufgrund ihres Abstraktionsgrades und der Tatsache, dass sie sich in der Regel der Sprache bedienen, vom Gefühl unterscheiden.

Die Mehrzahl der Menschen kann bewusst nur das denken, was sich in Worte kleiden lässt. Kein Wunder also, dass wir so oft Sprachbilder, Metaphern, benutzen, um unsere Gefühle, aber auch bestimmte Gedanken, für die es keine Begriffe gibt, auszudrücken. Wenn man von einem Menschen sagt, dass er Schmetterlinge im Bauch hat oder Hummeln im Hintern, wissen wir ziemlich genau, was gemeint ist, und werden nicht davon ausgehen, dass sich Insekten in Körperteile verirrt haben, wo sie nicht hingehören.

In der Alltagspsychologie benutzen wir auch, ohne große Schwierigkeiten damit zu haben, den Begriff des Nachdenkens. Was passiert in diesem Fall? Das Bewusstsein greift ganz offensichtlich auf Ressourcen zurück, die zwar vorhanden, aber nicht bewusst sind. Wir beginnen uns zu erinnern an gelernte Fakten oder an vergangene Ereignisse oder Erfahrungen. Spätestens in einem solchen Moment sollte uns klar werden, dass neben dem aktuellen Bewusstseinsinhalt noch weitaus mehr Inhalte im Kopf vorhanden sind, die wir durch Denken präsent machen können. Unsere Alltagserfahrung ist also die, dass wir uns gedanklich immer vom Bewussten zum Unbewussten hin bewegen. Aber ist diese Erfahrung richtig?

Berühmt wurden die Experimente von Benjamin Libet, inzwischen emeritierter Professor für Neurophysiologie an der University of California in San Francisco, in denen er nachwies, dass das Bewusstsein, dass wir eine Handlung durchführen wollen, zu der wir uns aus eigenem Antrieb entschließen, fast ein halbe Sekunde nach dem Moment eintritt, in dem das Gehirn mit der Vorbereitung des Entschlusses begonnen hat. Die Handlungen setzen also unbewusst ein.

Libet kam zu dem Schluss, dass das Bewusstsein lediglich eine Art Vetorecht hat, um eine vorbereitete Handlung abzubrechen, sie aber nicht initiiert. Wenn sich diese Reihenfolge, dass also ein unbewusster Prozess einer bewusst gewollten Handlung vorausgeht, experimentell nachweisen lässt, müsste sich daraus auch der Schluss ziehen lassen, dass einem bewussten Gedanken zunächst ein unbewusster gedanklicher Prozess vorgelagert ist. Wir würden uns damit vom Unbewussten zum Bewussten bewegen und nicht umgekehrt.

Alles Denken hätte dann zunächst einen unbewussten Vorsprung. Ob er nun wie bei Libet ebenfalls eine halbe Sekunde beträgt oder ob es nicht sogar so ist, dass unbewusste gedankliche Prozesse ein Eigenleben führen und abhängig von der jeweiligen Auslastung unterschiedlich lange brauchen, weiß man nicht.

Albert-László Barabási beschreibt in seinem Buch «Linked» das so genannte Multi-Tasking, also die gleichzeitige Bearbeitung von mehreren Aufgaben. Untersuchungen zeigten, dass Menschen bei der körperlichen Arbeit ähnlich wie Computer reagierten. Die Leistung sank um 20 bis 40 Prozent, wenn zwischen verschiedenen Aufgaben hin- und hergewechselt werden musste. Allerdings diagnostizierte Barabási, dass ein komplexes System, wie es das menschliche Gehirn darstellt, ohne Probleme zwischen Tausenden von Aufgaben hin- und herspringen kann. Die Konsequenz lautet: Wir wissen gar nicht, an welchen Aufgaben, Problemen oder Lösungen unser Unbewusstes zurzeit arbeitet, bis es uns ein Ergebnis im Bewusstsein präsentiert.

Denken als dauernder Prozess

Das Gehirn eines Menschen ist also ständig aktiv und verarbeitet beziehungsweise bearbeitet Sinneseindrücke und Informationen. Das gilt auch für die Ruhephasen, wenn man schläft. Würde das Gehirn keine Informationen mehr verarbeiten, könnte man am Morgen auch nicht durch das Klingeln des Weckers aus dem Schlaf gerissen werden. Erst wenn der Hirntod eingetreten ist, also alle Bereiche des Gehirns ihre Funktion eingestellt haben, hört das Denken auf.

Auch wenn wir hellwach sind, wird nur ein winziger Bruchteil dessen, was wir denken, vom Bewusstsein wahrgenommen. Denn das Denken ist in erster Linie ein unbewusster Prozess, der hauptsächlich darin besteht, zu entscheiden, welche eingehenden Informationen wichtig sind und welche nicht. Diese als wichtig erkannten Informationen werden dann an das Bewusstsein weitergereicht, allerdings keineswegs immer und ausschließlich als Fakteninformation, sondern oft genug nur in Form eines Gefühls, weil auch das Unbewusste keineswegs immer in der Lage ist, solche oft sehr kleinen Informationseinheiten für den Verstand als Fakten aufzubereiten. Malcolm Gladwell hat in seinem Buch «Blink! Die Macht des Moments» zahlreiche Beispiele dafür gesammelt.

Die am häufigsten kolportierte Geschichte ist wahrscheinlich die der griechischen Statue, die vom J. Paul Getty Museum in Kalifornien für rund zehn Millionen Dollar angekauft werden sollte. Die Frage war allerdings: «Ist diese Statue echt?» Also beauftragte man ein Team von Wissenschaftlern mit der Untersuchung. Das Ergebnis war positiv. Allerdings nahmen auch verschiedene Kunstexperten die Statue in Augenschein und hatten dabei in der Regel ein schlechtes Gefühl, was sie jedoch kaum in Worte fassen konnten. Wie sich dann tatsächlich herausstellte, war die Statue eben doch kein Original, sondern aus verschiedenen Einzelteilen zusammengesetzt. Die einzelnen Bestandteile waren zwar alt, aber sie gehörten ursprünglich nicht zusammen. Offensichtlich war das Unbewusste der Experten aufgrund langjähriger Beschäftigung mit der Materie in der Lage, Details zu sehen und miteinander in Beziehung zu setzen, die dem Bewusstsein verschlossen blieben.

Ein anderes Beispiel, das Gladwell beschreibt, stammt aus der Zeit des Zweiten Weltkrieges. Der englische Nachrichtendienst war in der Lage, die verschlüsselten deutschen Funkmeldungen, die im Morsealphabet gesandt wurden, durch die «Handschrift» des Funkers zu identifizieren.

Truppenbewegungen konnten auf diese Weise exakt nachvollzogen werden, weil man immer genau wusste, wo sich welcher Funker befand.

Normalerweise wird man annehmen, dass man an einem Morsegerät, das nur zwei Zeichen, kurz oder lang, kennt, überhaupt keine Handschrift entwickeln kann und sie daher auch nicht zu identifizieren ist. Doch das genaue Gegenteil ist der Fall. Unbewusst bringt ein Funker einen ganz persönlichen Rhythmus in seine gemorsten Nachrichten, und so ist es dem Hörer dieser Nachrichten möglich, diese Handschrift zu identifizieren, ohne allerdings exakt erklären zu können, worin sich diese Handschrift von jeder anderen unterscheidet.

Unbewusstes, aber auch bewusstes Denken bedeutet also in erster Linie, zu entscheiden: Ist etwas wichtig oder unwichtig? Ist etwas richtig oder falsch? Ein einzelner Gedanke, der einen Sinn ergibt oder ergeben soll, setzt sich aus einer Vielzahl solcher Entscheidungen zusammen. Allein wenn ich in diesem Moment diesen Text schreibe, muss ich bewusst und unbewusst eine Vielzahl von Entscheidungen treffen. Nämlich nicht nur «Was will ich sagen?» und «Wie will ich es sagen?», sondern auch «Mit welchen Worten?» und «In welcher Reihenfolge müssen diese stehen, um einen Sinn zu ergeben?».

Denken bedeutet deshalb erstens, zu entscheiden, was ist. Wir konstruieren durch unsere Entscheidungen, welche unserer Wahrnehmungen wichtig sind und welche nicht, das, was wir dann als Realität akzeptieren. Zweitens treffen wir aufgrund dieser Annahmen dann die Entscheidung, was sein soll. Indem wir also auf das Ist reagieren, konstruieren wir die nächste Stufe der Wirklichkeit. Jede

Schlussfolgerung, die wir aus einer Information ziehen, ist ein Entscheidungsprozess, der ein neues Stück Wirklichkeit schafft.

Aber damit gibt sich das Gehirn noch nicht zufrieden. Es versucht nämlich nicht nur zu entscheiden, was sein soll, sondern ist auch kontinuierlich damit beschäftigt, die Resultate von Handlungen und Entscheidungen vorherzusagen, um diese einleiten, steuern und im Notfall auch korrigieren zu können. Ohne die Vorhersage, was sein wird, könnten wir uns überhaupt nicht entscheiden, unabhängig davon, ob die Vorhersagen richtig oder falsch, begründet oder unbegründet sind.

Diese Vorhersageaktivitäten sind ein ganz wesentliches Element unseres Denkens. Sie können sich auf kleinste Banalitäten beziehen – ein paar Tropfen mehr Milch in den Kaffee, und er wird mir besser schmecken –, aber auch auf große und komplexe Vorhaben, wie zum Beispiel den Beschluss eines neuen Steuergesetzes, um den Bundeshaushalt auszugleichen. Die Mechanismen im Gehirn sind prinzipiell identisch.

Die Vorhersage bestimmter Ereignisse wird vom Bewusstsein weder registriert noch gespeichert. Wenn ich möchte, dass das Wasser läuft, drehe ich den Wasserhahn auf. Die Vermutung, dass das Wasser zu laufen beginnt, wenn ich den Wasserhahn aufdrehe, beruht auf meiner Alltagserfahrung. Erfahrung ist also eine wichtige Quelle für Vorhersagen.

Die Vorhersagetätigkeit bezieht sich aber auch auf die eingehenden Informationen. So werden Sätze seines Gegenübers vom Zuhörer schon zu Ende gedacht, noch bevor das Ende des Satzes erreicht ist. Redner, die während des Sprechens Denkpausen machen, kennen das Phänomen, dass Zuhörer dann an ihrer Stelle einen Satz zu Ende führen, allerdings oft anders als von ihnen geplant. Hierbei benutzt das Gehirn nicht mehr die Alltagserfahrungen als Hilfsmittel, sondern die sprachliche Intelligenz.

So genannte Vorampeln, die gelb zu blinken beginnen, wenn die nachfolgende Ampel kurz danach von Grün auf Rot umspringen wird, nutzen die Neigung des Menschen, Vorhersagen zu treffen. Der Autofahrer kann so früher den Bremsvorgang einleiten. Auch die Psychologie des Überzeugens baut darauf, dass der Mensch aus gegenwärtigen Situationen Folgerungen für die Zukunft zieht und sich daher manipulieren lässt.

Eine ganz besondere Bedeutung erhalten Vorhersagen im Zusammenhang mit Arzneimitteln. Es ist nachgewiesen, dass wirkstofflose Medikamente durchaus heilen können, man wusste bisher nur nicht, warum. Inzwischen konnten Wissenschaftler mit Hilfe bildgebender Verfahren erkunden, wie der Placeboeffekt funktioniert.

Experimente an den Universitäten Michigan, Columbia und Princeton haben gezeigt, dass Scheinmedikamente gegen Schmerzen fast genauso gut wirken wie ein echtes Schmerzmittel[7]. Den Versuchspersonen wurden schmerzhafte Stromstöße und Hitze zugeführt. Nach einigen Durchgängen verabreichte man den Gequälten eine angeblich schmerzlindernde Salbe, die aber tatsächlich keinen Wirkstoff enthielt. Trotzdem fühlten die meisten Teilnehmer während der folgenden Durchgänge eine deutliche Linderung der Schmerzen.

Placebo-Pillen, die sie drei Wochen lang täglich schluckten, verhalfen auch Patienten mit chronischen Bauchschmer-

7 Psychologie heute, September 2005

zen zu einer deutlichen Besserung, wie ein Experiment an der University of California gezeigt hat. Ihre Schmerzen haben fast ebenso stark nachgelassen wie die der Patienten, die ein echtes Medikament erhalten hatten. Mit Hilfe eines bildgebenden Verfahrens erkannten die Wissenschaftler, dass, je stärker der Schmerz subjektiv nachließ, auch die Aktivitäten in bestimmten schmerzsensiblen Teilen des Gehirns zurückgingen. Dafür herrschte in einem anderen Areal des Gehirns, das mit emotionalen Erfahrungen und der Hemmung von Impulsen in Verbindung gebracht wird, eine auffällig starke Betriebsamkeit.

Man geht davon aus, dass genau dort entschieden wird, wann körpereigene Opiate ausgeschüttet werden, die dann den Schmerz betäuben. Außerdem hat man festgestellt, dass sich der Placeboeffekt verflüchtigt, wenn die Opiate mit Medikamenten blockiert werden. Es sind also die körpereigenen Stoffe, die den Placeboeffekt ausmachen.

Die Wissenschaftler sind zu dem Schluss gekommen, dass Schmerz unter entscheidender Mitwirkung der Psyche vom Gehirn erzeugt und bei Bedarf auch wieder beseitigt wird. Dabei darf die Rolle des «Wirkstoffs Zuversicht» nicht unterschätzt werden. Die Vorhersagen, die das Unbewusste hinsichtlich der Wirkung der Arzneimittel trifft, führen dazu, dass die gewünschte Wirkung auch eintritt. Auch die empirisch belegte Tatsache, dass rote Placebo-Pillen wirksamer sind als grüne, lässt sich nur mit kognitiven Einflüssen erklären. Denkt man diesen Placeboeffekt einmal zu Ende, kann das weit reichende Folgen, nicht nur für die Medizin, sondern auch im sozialen Bereich haben.

Nun ist allerdings die Neigung des Menschen, Vorhersagen zu treffen, nicht nur auf triviale Alltagsverrichtungen oder körpereigene Vorgänge gerichtet. Auch seine Bereitschaft, Horoskope zu lesen, Wahlvorberichte im Fernsehen anzuschauen oder sich die Ergebnisse von Trendforschungen vorlegen zu lassen, bevor er in einem Unternehmen eine Entscheidung trifft, gehören dazu.

Viele Vorhersagen, beispielsweise von Aktienkursen oder volkswirtschaftlichen Rahmendaten wie Arbeitslosenquote oder Wirtschaftswachstum, lassen sich aber nicht mit endgültiger Gewissheit treffen. Wahrscheinlich ist es eher Zufall, wenn sie tatsächlich eintreten. Insofern geht die Neigung, Vorhersagen zu treffen, Hand in Hand mit der Neigung, Begründungen zu finden und zu erfinden.

Es ist einfach unpraktisch, wenn ein Organ wie das Gehirn, das darauf programmiert ist, Vorhersagen zu treffen, entweder nicht die Gründe für sein Handeln kennt, weil diese im Unbewussten liegen, oder wenn es im Zweifelsfall nicht in der Lage ist, diese vor sich selbst zu vertreten. Wer Vorhersagen macht, braucht einfach Gründe, die diese Vorhersagen im Zweifelsfall auch im Nachhinein rechtfertigen.

Die Hirnforschung weiß seit langem, dass Entscheidungen im Gehirn nur getroffen werden können, wenn die Gefühle mit einbezogen sind. Ist dieser Regelkreislauf auf irgendeine Weise gestört, kommen keine Entscheidungen zustande oder die Entscheidungen sind fehlerhaft, weil ohne Gefühle Informationen nicht oder nicht richtig bewertet werden können.

Ein gutes Beispiel dafür, dass selbst in der Wissenschaft, die ja für sich in Anspruch nimmt, rein rational und logisch vorzugehen, die Gefühle eine große Rolle spielen, ist die Klimaforschung. In kaum einem anderen Bereich gehen die Einschätzungen, Beurteilungen und Prognosen der Fachleute so weit auseinander wie hier. Eigentlich sollte man davon ausgehen, dass identische Fakten von verschiedenen Fachleuten, die über eine vergleichbare wissenschaftliche Kompetenz verfügen, zumindest in sehr ähnlicher Weise beurteilt werden. Das ist aber keineswegs der Fall.

Das Bundesministerium für Bildung und Forschung stellte in seiner Dokumentation «Herausforderung Klimawandel» aus dem Jahr 2003 fest, dass bei den verschiedenen Klimamodellen Naturwissenschaft, Wirtschafts- und Gesellschaftswissenschaft, aber auch die Politik so stark miteinander verschlungen sind, dass die einzelnen Elemente und ihre Einflüsse kaum mehr isoliert betrachtet werden können. Ganz deutlich sieht man die Gefahr einer Instrumentalisierung wissenschaftlicher Erkenntnisse für gesellschaftspolitische Zwecke. Denn es heißt in dem Bericht: «Wissenschaft ist nicht mehr der wichtigste gesellschaftliche Ratgeber und wissenschaftliche Argumente sind nicht die einzigen, die in den Köpfen der Wissenschaftler wirken. Klimaforschung wird damit zu einem sozialen Prozess, und in einem demokratischen System ist es angezeigt, den Beratungsprozess und seine Dynamik im Hinblick auf vorgefasste Meinungen und sozio-kulturell geprägtes Wissen zu analysieren.»

Natürlich ist das sehr verklausuliert formuliert, aber es bedeutet unter dem Strich nichts anderes, als dass Wissenschaftler ihre Erkenntnisse dazu benutzen, das, was sie ganz persönlich für richtig oder falsch halten, durchzusetzen. Es mag dem einzelnen Klimaforscher ja unbenommen bleiben, mit dem Fahrrad in sein Institut zu radeln, aber wenn er seine Wissenschaft dazu benutzt, um seine schlechte Meinung über das Autofahren öffentlich durchzusetzen, ist das für die Gesellschaft sicherlich risikoreich.

Woher kommen die Gedanken?

Auch wenn wir es zunächst nur ungern akzeptieren werden, der größte Teil unseres Denkens wird von außen bestimmt. Schließlich sind unsere Sinneswahrnehmungen zum allergrößten Teil nach außen gekehrt, um eben gerade Informationen von der Umwelt nach innen zu schaffen, sie zu verarbeiten und zu bewerten und um sie dann eventuell unserem bewussten Denken zugänglich zu machen. Sehen, Hören, Riechen, Schmecken und Fühlen sind schließlich kein Selbstzweck.

Natürlich werden auch die Körperfunktionen überwacht und gesteuert, aber das bleibt uns so lange verborgen, bis Probleme auftreten und wir Schmerzen spüren oder uns ein Bauchgrummeln andeutet, dass wir ein bestimmtes Nahrungsmittel besser nicht gegessen hätten. Doch diese internen Körperinformationen sind in ihrer Menge überhaupt nicht mit dem zu vergleichen, was wir von der Außenwelt aufnehmen.

Robert Levine hat in seinem Buch «Die große Verführung» aufgelistet, dass wir im Laufe unseres Lebens etwa eine Million Milliarden Umwelteindrücke zu verarbeiten haben. Tausende von Informationen konkurrieren in jeder Sekunde um unsere Aufmerksamkeit. Allein die Menge der Informationen, die die *New York Times* in einer Woche liefert, ist größer als all das, was ein Mensch im 16. Jahrhundert in seinem ganzen Leben informationsmäßig zu verdauen hatte. Dabei sind die Informationen, die auf uns einstürmen, von höchst unterschiedlicher Qualität.

Vielleicht erinnern Sie sich an die berühmte Szene aus dem Film «Harry und Sally», als Sally in einem Restaurant einen Orgasmus vortäuscht und eine Frau am Nachbartisch sagt: «Ich will genau das, was sie auch hatte.» Hier wurde die Information, dass Sally offensichtlich ganz bestimmte Gefühle empfand, mit der in einem Restaurant durchaus realistischen Wahrnehmung verknüpft, dass dies nur am Essen liegen könne. Das war natürlich falsch, aber das Denken der Frau am Nachbartisch war eindeutig durch äußere Wahrnehmungen gesteuert, die dann mit den eigenen Wünschen in Einklang gebracht werden sollten. Die Enttäuschung nach dem Ende der Mahlzeit wird für sie groß gewesen sein.

Aber nicht nur unsere Wünsche werden von außen angeregt und beeinflusst, sondern jede Form des Denkens. Ob wir nun fernsehen, eine Zeitung aufschlagen oder ein Buch lesen, ob wir durch die Natur wandern oder durch eine finstere Straße in Hamburg-St. Pauli gehen, immer strömen Informationen auf uns ein und lenken unsere Gedanken.

Wir agieren also nicht, sondern wir reagieren nur. Das heißt nicht, dass wir wie die Pawlow'schen Hunde notwendigerweise in unserem Verhalten, das ja immer das Ergebnis von unbewusstem und bewusstem Denken ist, konditioniert sind, sondern dass die Konditionierung, wenn wir schon von ihr sprechen, darin besteht, überhaupt auf die Umwelt zu reagieren. Welche Reaktionen wir zeigen, hängt dann allerdings wieder von den individuell vorhandenen Mustern ab.

Neuere Forschungen aus England haben gezeigt, dass Gerüche das Verhalten von Autofahrern mehr beeinflussen, als man bisher geahnt hat. Gerüche wirken direkt auf das Unbewusste und schalten dort ganz bestimmte Denkmuster ein. Der Geruch von frisch geschnittenem Gras mobilisiert offensichtlich die Erinnerung und verleitet den Autofahrer zu Tagträumereien. Riecht es nach Brot oder Fast Food, beschleunigt der Fahrer unwissentlich, weil der aufkeimende Hunger ihn schneller ans Ziel treibt. Auch Parfums lenken vom Verkehrsgeschehen ab, weil sexuelle Phantasien angeregt werden.

Merkwürdigerweise wirkt sogar der Geruch eines Neuwagens in bestimmter Weise auf das Fahrverhalten. Der Fahrer wird vorsichtiger, weil er das neue Auto nicht beschädigen möchte. Es spielt also nicht das konkrete Wissen über das Alter eines Wagens die Hauptrolle, sondern einzig und allein das, was die Nase registriert. Autovermieter werden für diese Information dankbar sein.

Dass der Duft von Zitronen oder Kaffee nicht nur beim Autofahren ein klareres Denken fördert, wissen wir auch aus anderen Situationen. Schließlich soll ja auch schon Friedrich Schiller duftende Apfelschalen in seiner Schreibtischschublade liegen gehabt haben, die ihn beim Dichten inspirierten.

Wenn bereits Düfte beim Autofahren in die Denkmuster eingreifen, wie ist es dann mit Bildern? Amerikanische Hirnforscher stellten fest, dass erotisch aufreizende Werbeplakate für eine gefühlsbedingte Blindheit sorgen, die etwa eine Fünftelsekunde anhält – Zeit genug, um im Stadtverkehr auf den Vordermann aufzufahren.

Die wichtigsten Impulsgeber, um unbewusste und bewusste Denkprozesse zu starten, sind andere Menschen. Wir können uns der Reaktion auf andere Menschen nur dadurch entziehen, dass wir uns isolieren, allein durch Wüsten wandern, allein übers Meer segeln oder allein auf die Berge steigen. Allerdings zeigt die Erfahrung, die Menschen in solchen Situationen machen, dass ihr Gehirn auf diese gewollte oder ungewollte Isolation dadurch reagiert, dass es ihnen einen fiktiven Begleiter zur Seite stellt.

Man kann diese imaginären Gefährten Halluzinationen oder Hirngespinste nennen. Für denjenigen, der diese Begleiter erlebt, wirken sie erstaunlich real. Eine der schönsten Geschichten um solch einen imaginären Begleiter ist die des kleinen Prinzen von Antoine de Saint-Exupéry. Er beschreibt, wie er nach einem Absturz in der nordafrikanischen Wüste den Besuch des kleinen Prinzen erhielt, der mit ihm sprach und ihm nach und nach seine Geschichte erzählte.

Saint-Exupéry beschreibt das Erlebnis so: «Etwas an meinem Motor war kaputtgegangen. Und da ich weder einen Mechaniker noch Passagiere bei mir hatte, machte ich mich ganz allein an die schwierige Reparatur. Es war für mich eine Frage auf Leben und Tod. Ich hatte für kaum acht Tage Trinkwasser mit. Am ersten Abend bin ich also im Sande eingeschlafen, tausend Meilen von jeder bewohnten Gegend entfernt. Ich war viel verlassener als ein Schiffbrüchiger auf einem Floß mitten im Ozean. Ihr könnt euch daher meine Überraschung vorstellen, als bei Tagesanbruch eine seltsame kleine Stimme mich weckte: ‹Bitte … zeichne mir ein Schaf!› ‹Wie bitte?› ‹Zeichne mir ein Schaf …› Ich bin auf die Füße gesprungen, als wäre der Blitz in mich gefahren. Ich habe mir die Augen gerieben und genau hingeschaut. Da sah ich ein kleines, höchst ungewöhnliches Männchen, das mich ernsthaft betrachtete.»

Auch der Arzt Dr. Hannes Lindemann, der in den 1950er Jahren den Atlantik in einem Serien-Faltboot allein überquerte, beschreibt, dass er auf seiner Überfahrt Gesellschaft bekam. So sah er einen Afrikaner, mit dem sich folgendes Gespräch entspann: «Wohin fahren wir?» «Zu meinem Boss.» «Wo wohnt dein Boss?» «Im Westen», antwortete der Schwarze. Das Wort «Westen» machte Lindemann sofort hellwach, er schaute auf seinen Kompass und korrigierte seinen Kurs. Lindemann hatte sich durch autogenes Training auf den Kurs West programmiert, und dieses Muster wirkte offensichtlich so stark, dass sich sogar seine Halluzinationen damit beschäftigten.

Der Mensch ist eben einfach nicht dafür gemacht, allein zu sein. Das bestätigt sich unter anderem dadurch, dass im menschlichen Gehirn so genannte Spiegelneuronen nachgewiesen werden konnten. Diesen Nervenzellen werden inzwischen immer mehr wichtige Funktionen zugeschrieben, die notwendig sind, um das Verhalten anderer Menschen richtig interpretieren zu können.

Entdeckt wurden die Spiegelneuronen eher zufällig. 1991 wollte der Leiter des Physiologischen Instituts der Universität Parma, Giacomo Rizzolatti, erforschen, wie das Gehirn Planung und Ausführung von zielgerichteten Handlungen organisiert. Als Versuchstiere dienten ihm Makaken. Im Kopf dieser Affen waren Elektroden implantiert, die messen sollten, was passiert, wenn das Tier nach einer Erdnuss greift. Zunächst hielten Rizzolatti und sein Forscherteam es für eine Fehlsteuerung, dass die Messgeräte bereits dann einen Impuls registrierten, wenn der Affe reglos dasaß und den Forschern zusah, wie diese die Nuss in seine Nähe legten. Erst später entdeckten sie, dass bestimmte Hirnzellen immer dann ein Signal abgaben, wenn eine bestimmte Bewegung anderer Tiere oder Menschen einen Sinn ergaben.

Eine Handbewegung ohne Nuss wurde kaum registriert. Rizzolatti nannte diese Zellen «Mirror Neurons», also Spiegelneuronen.

Inzwischen wissen wir, dass sich solche Zellen in verschiedenen Bereichen des Gehirns befinden und dass sie eben nicht nur Aktionen steuern, sondern auch Aktionen bei anderen Lebewesen erkennen können, egal ob sie diese nun tatsächlich sehen oder auch nur als Geräusch wahrnehmen. Wenn im Kino eine Bonbontüte raschelt, wissen wir sehr genau, was geschieht. Die Spiegelzellen sorgen aber auch dafür, dass wir mit anderen Menschen mitfühlen können und zum Beispiel Schmerzen nachempfinden.

Ohne Spiegelzellen könnten wir wahrscheinlich weder Gesichtsausdrücke richtig deuten noch Handlungen richtig interpretieren, und vielleicht hätten wir auch mit der Sprache Probleme. Der Mensch lernt, sich anderen mitzuteilen, indem er sie imitiert. Und dafür, dass er richtig imitiert, sind die Spiegelneuronen zuständig. Selbst Fehler, die andere machen, werden von ihnen erkannt. Wenn wir in so hohem Maße auf das Verhalten anderer Menschen unbewusst reagieren, ist es auch nicht mehr verwunderlich, dass unser eigenes Verhalten überwiegend durch Impulse von außen bestimmt wird.

Dieser Bereich des mitmenschlichen Verhaltens wird von der neuen Disziplin Social Cognitive Neuroscience erforscht, die nicht nur Verbindungen zur Neurobiologie hält, sondern auch zur Neuroökonomie und sogar noch einen ganz neuen Bereich einschließt, den der Erforschung der so genannten Großmutterzellen.

Lange Zeit hielt man es für unmöglich, dass einzelne Neuronen oder kleinere Neuronenhaufen dafür zuständig sein können, ganz bestimmte Personen zu erkennen, beispielsweise die eigene Großmutter auf einem Foto oder in einer Gruppe anderer Menschen. So war der Begriff «Großmutterzellen» ursprünglich als Witz gemeint. Der lustige Begriff ist geblieben, aber heute weiß man, dass das Gehirn trotz seiner Milliarden von Nervenzellen sparsam mit den Ressourcen umgeht und für Dinge oder Personen, die wichtig sind, spezielle Erkennungseinheiten bereitstellt.

Aber hier geht es nicht darum, bestimmte Strukturen und Formen zu erkennen, sondern die Person oder den Gegenstand an sich. Die Muster, die wir im Kopf haben, sind also viel spezieller und individueller, als die Wissenschaft lange Zeit dachte. Denn schließlich hat jeder Mensch nur maximal zwei Großmütter, die sich von allen anderen unterscheiden.

Ein Großteil der Denk- und Erinnerungsfähigkeit des Menschen bezieht sich auf Situationen, in denen er mit anderen Menschen interagiert hat. Bei den aktuell erlebten oder auch erinnerten Interaktionen spielen nicht so sehr die eigentlichen Handlungen oder kommunizierten Fakten eine Rolle, sondern eher die erzeugten Gefühle und der vermittelte Sinn.

In seinem Buch «Blink!» beschreibt Malcolm Gladwell einen Familientherapeuten, dem es durch ein langjähriges Training gelingt, aus dem Gespräch eines Paares über ein x-beliebiges Thema Prognosen über die weitere Entwicklung dieser Paarbeziehung zu ziehen. Dabei spielen die Gesprächsinhalte überhaupt keine Rolle, sondern nur die Mimik und Gestik der betreffenden Personen.

Dem Familientherapeuten war es offensichtlich gelungen, die unbewussten Signale von Neurotizismus wahrzunehmen und sie durch so genanntes Thin-slicing, also die Analyse von kleinsten Informationseinheiten, seiner bewussten Wahrnehmung zugänglich zu machen. Langzeitstudien haben gezeigt, dass Neurotizismus ein Risikofaktor für spätere partnerschaftliche Unzufriedenheit und Instabilität ist, der selbst noch nach 20 Jahren Partnerschaft zur Trennung führen kann.

Wenn es möglich ist, solche Signale rechtzeitig zu erkennen, besteht die Chance für die Beteiligten, dass sie durch bestimmte therapeutische Interventionen rechtzeitig gegensteuern können. Natürlich nur, wenn sie es wollen.

Der Verhaltensforscher Paul Watzlawick hat schon in den 1970er Jahren festgestellt, dass jede Kommunikation einen Inhalts- und einen Beziehungsaspekt hat. Dabei kam er auch zu dem Ergebnis, dass der Beziehungsaspekt häufig viel wichtiger ist als der Inhaltsaspekt.

Beziehungsaspekte werden in erster Linie nonverbal übermittelt. Diese nonverbale Kommunikation findet nicht nur in Gesten oder in der Mimik ihren Ausdruck, sondern auch in der Modulation der Stimme. Was genau auf diesem Wege kommuniziert wird, analysiert das Gehirn unbewusst, indem es eine aktuelle Situation mit gespeicherten früheren Erfahrungen vergleicht. Was dann vom Unbewussten an das Bewusstsein weitergereicht wird, sind Eindrücke und Gefühle, die den inhaltlichen Aspekt der Kommunikation anreichern und bewerten.

Im ungünstigsten Fall widersprechen sich der Inhalts- und der Beziehungsaspekt vollständig. Das ist zum Beispiel dann der Fall, wenn jemand bewusst lügt. Nur wenigen Lügnern gelingt es, ihre Lügen so zu kaschieren, dass Inhalts- und Beziehungsaspekt stimmig sind. Am einfachsten ist es wahrscheinlich immer noch, in dem Moment, wenn man lügt, seine Lügen tatsächlich selbst zu glauben.

Menschenmassen bewegen die Gefühle

Wie groß der Einfluss anderer Menschen auf das Denken und Handeln eines jeden Einzelnen ist, zeigt sich besonders bei großen Massenveranstaltungen. Dass der einzelne Mensch sich in einer großen Gemeinschaft mit anderen vollkommen anders verhält und sich viel besser führen lässt, als wenn er allein ist oder in einer überschaubaren Gruppe, ist eine altbekannte Tatsache, die zum Beispiel im militärischen Bereich ausgenutzt wurde. Kein einzelner Soldat würde sich «Hurra» brüllend in den gegnerischen Kugelhagel stürzen, sondern Deckung suchen. Aber wenn dies Hunderte oder gar Tausende tun, wird er mitgerissen werden.

Diese Erfahrung, dass der Mensch als soziales Wesen geneigt ist, sich mit anderen zu synchronisieren und seine Gefühle mit denen anderer in Einklang zu bringen, haben viele Menschen zu ihrer eigenen Verblüffung immer wieder selbst erfahren. Trauer pflanzt sich ebenso fort, wie wir es im Zusammenhang mit dem Tod von Papst Johannes Paul II. erleben konnten, wie die Begeisterung, zum Beispiel der Jubel der österreichischen Bevölkerung, als ihr Land von den Nazis okkupiert wurde.

Der Philosoph Elias Canetti beschreibt in seinem Buch «Masse und Macht», wie er sich selbst als jüdischstämmiger Mensch zusammenreißen musste, um bei einer Massenveranstaltung der Nazis in Wien nicht die Hand zum Hitler-

Plötzlich wurden Konflikte unter den Affen nicht mehr mit Gewalt gelöst, sondern durch Beschwichtigungsrituale. Die Forscher nahmen zunächst an, das läge daran, dass sich durch das Dahinscheiden der führenden Männchen das Geschlechterverhältnis in der Gruppe zugunsten der Weibchen umgekehrt hatte. Allerdings wurde dies nicht durch den Vergleich mit anderen Pavian-Gruppen bestätigt, in denen die Weibchen ebenfalls in der Mehrzahl waren. Dass jetzt die Frauen an der Macht waren, konnte also nicht der Grund für den Verhaltenswandel sein.

Was die Forscher besonders erstaunte, war, dass auch Paviane, die neu in diese friedliche Gruppe wechselten, ihr aggressives Verhalten nach kurzer Zeit ablegten. Offensichtlich hatten sich die Affen entschlossen, nach einem Leben in einem Terrorregime es nun einmal ganz anders zu versuchen, und waren dabei offensichtlich dauerhaft erfolgreich. Ob und wie sich ein solcher Lernprozess jetzt auch auf die Menschen übertragen lässt, daran arbeiten die Forscher noch.

Offensichtlich ist es aber so, dass die Menschen nicht nur Muster und Netzwerke im Kopf haben, sondern sich auch selbst wie einzelne Knoten in Netzwerken verhalten, womit die Idee der Außensteuerung weitere Nahrung erhält[9].

9 Steven Strogatz: Synchron

Wie mächtig sind die Meme?

Ein ganz anderes Phänomen, das unser Denken von außen ebenfalls ganz erheblich steuert, sind die so genannten Meme. Hierbei handelt es sich um Gedankeneinheiten, die als ein in sich geschlossenes Muster gespeichert und weitergegeben werden. Meme sind reproduzierbar und wirken als Replikator, das heißt als sich selbst vervielfältigende Struktur. Bei der Reproduktion werden die Gedanken entsprechend eigenen Erfahrungen und Erkenntnissen angepasst.

Das Mem findet seinen Niederschlag in der «Memvorlage» im Gehirn und der «Memausführung» in der Kommunikation, zum Beispiel in der Sprache. Der Begriff des Mems wurde erstmals 1976 durch den Zoologen Richard Dawkins in seinem Buch «Das egoistische Gen» verwendet. Heute ist die englische Psychologin Susan Blackmore wohl die wichtigste Vertreterin der Memtheorie.

Während die Spiegelneuronen für die Imitation, Ausführung und das Verständnis von Handlungen und Gefühlen zuständig sind, sind es die Meme für intellektuelle Inhalte. Für ihre Verbreitung ist aber die direkte Beziehung von Mensch zu Mensch nicht in gleichem Maße notwendig wie bei Gefühlen und Handlungen. Was Meme aber brauchen, um wirksam zu werden und um wirklich Einfluss ausüben zu können, sind wieder Netzwerke. Und die sind als moderne Medien in Form von Zeitungen, Büchern, Fernsehen, Radio und Internet geradezu im Überfluss vorhanden.

Meme reproduzieren sich besonders schnell, wenn sie nicht nur den Intellekt des Menschen ansprechen, sondern in besonderem Maße auch seine Gefühle. Kein Wunder also, dass ein Witz besser haften bleibt und schneller weitergegeben wird als eine chemische Formel. Und wenn Harald Schmidt im Fernsehen ein gutes Bonmot erzählt hat, wird es sich am nächsten Tag in den Universitäten und unter Arbeitskollegen zigtausendfach weiterverbreiten.

Meme müssen aber gar nicht unbedingt bewusst gemerkt und gelernt werden. Auch sie haben das Talent, sich über unbewusste Informationen in den Köpfen einzunisten, wenn es ihnen gelingt, den berühmten Tipping Point zu überwinden, also in einer bestimmten Häufung in der Gesellschaft aufzutreten. So entstehen spontane Moden und letztendlich auch Buchbestseller. Manche Meme überdauern nur wenige Tage oder Wochen, andere wie zum Beispiel die Krieg-der-Sterne-Filme Jahrzehnte oder wie die Komödien von Molière oder antike Theaterstücke Jahrhunderte. Sie alle steuern uns in einer gewissen Weise zunächst von außen und werden dann zu festen Bestandteilen unserer Denkmuster.

Die Ökonomie vernebelt unser Denken

Zu den mächtigsten Memen, die heute das Denken breiter Schichten bestimmen, gehören all jene, die wirtschaftlichen Vorgängen und Prinzipien zuzuordnen sind. Heute ist die Mehrzahl der Bevölkerung in den industrialisierten Ländern bereit zu akzeptieren, dass alles, was in der Gesellschaft geschieht, sich im Einklang mit den Regeln der Ökonomie befinden muss. So wie es früher eine göttliche Ordnung gab, die das Zusammenleben der Menschen regelte, so ist es heute die des Marktes mit Angebot und Nachfrage.

Mit göttlicher Ordnung meine ich nicht eine bestimmte religiöse Überzeugung, sondern die Legitimation weltlicher

Gegebenheiten durch bestimmte Gedankeneinheiten, also Meme. Zu diesen als selbstverständlich und richtig akzeptierten Memen gehörte zum Beispiel die Vorstellung, dass die Menschen in bestimmte Stände hineingeboren werden, als Adliger, Bürger oder Bauer, die sie nicht oder nur in Ausnahmefällen verlassen durften.

Über andere, aber genauso fest gefügte Gedankeneinheiten verfügt auch die durchökonomisierte Gesellschaft. Zu ihren Memen gehören zum Beispiel «Alles hat seinen Preis» oder «Die Nachfrage regelt das Angebot». Auch die Vorstellung, dass es im Prinzip jedermann vom Tellerwäscher zum Millionär bringen kann, ist ein ökonomisches Mem, das unser Denken beeinflusst und bestimmt.

Bis solche Gedankeninhalte durch neue ersetzt werden, bedarf es entweder einer langen Zeit oder einschneidender Veränderungen in der tatsächlichen Lebenssituation großer Teile der Bevölkerung. Meme führen ein langes und zähes Leben, nicht nur dadurch, dass sie gespeichert und bei jeder sich bietenden Gelegenheit weitergegeben werden, sondern auch dadurch, dass sie sich durch die Massenmedien geradezu seuchenartig verbreiten können.

Meme haben wie Krankheitskeime die Eigenschaft, in höchstem Maße ansteckend zu sein. Sie besetzen die wichtigsten Schaltstellen im Gehirn, sind jederzeit präsent und verdrängen andere Gedanken, die vielleicht richtiger oder wertvoller sind.

Zurzeit machen sich gerade die Neuroökonomen daran, mit einer ganzen Reihe falscher ökonomischer Meme aufzuräumen und die Idee des Homo oeconomicus zu demontieren. Bis sie damit allerdings in den Köpfen aller in der Wirtschaft Verantwortlichen ankommen, wird es noch eine geraume Zeit dauern. Die Vorstellung, dass der Mensch nur nach seinem Vorteil Ausschau hält und hauptsächlich durch die Aussicht auf mehr Geld zu motivieren ist, wird als Mem noch einen zähen Verteidigungskampf um den Platz in den Köpfen der Menschen führen.

Wissen und Denken

Der Schritt von den Memen zum Wissen ist nur ein kleiner. Erst seit den zwanziger Jahren des vorigen Jahrhunderts befassen sich Soziologen und Psychologen mit dem Thema Wissen. Seine eigentliche Beachtung fand das Wissen aber erst um 1970 herum, als deutlich wurde, dass wir uns in einer so genannten postindustriellen Gesellschaft befanden, eine Bezeichnung, die dann innerhalb weniger Jahre durch die Begriffe Informationsgesellschaft und Wissensgesellschaft ersetzt wurde.

Inzwischen haben wir mit der New Economy einen ersten Gipfelpunkt der Wissensökonomie erlebt. Ideen und Kreativität waren wichtiger geworden als Kapital. Aus dem Zusammenbruch vieler Unternehmen der New Economy sollte man aber nicht schließen, dass Wissen wieder an Bedeutung verliert. Ganz im Gegenteil. Dass viele Ideen der New Economy wie Seifenblasen geplatzt sind, zeigt nur, wie wichtig es ist, über das richtige Wissen zu verfügen und es richtig einzusetzen.

Aus soziologischer und psychologischer Sicht kann man sagen: «Wissen ist die Sammlung von Annahmen über die Realität.» Was ist aber Realität? Der Mensch kann die Realität nur mit seinen fünf Sinnen erfassen. Sie entsteht jedoch nicht im Auge des Betrachters, sondern in seinem Gehirn, wo die verschiedenen Nervenreize verarbeitet werden.

Die Sprache ist dabei ein ganz wichtiges Element. Wenn wir einen Sinneseindruck nicht benennen können, würde es uns außerordentlich schwer fallen, ihn zu verarbeiten. Das belegen verschiedene Experimente mit Menschen, deren Hirnfunktionen durch einen Unfall oder einen chirurgischen Eingriff verändert worden sind. Die Realität existiert zwar außerhalb von uns, erschließt sich aber nur über die Wahrnehmung. Dadurch, dass wir mit anderen Menschen kommunizieren, haben wir gelernt, bestimmte Wahrnehmungen in gleicher Weise zu deuten. Über die Wahrnehmung sammeln sich Annahmen über die Wirklichkeit an.

Die Wirklichkeit enthält auch Annahmen über Verhaltensweisen und Situationen. Wir wissen, dass die Erde eine Kugel ist, auch wenn wir das nicht mit eigenen Augen gesehen haben. Wir wissen, dass es einen Bundespräsidenten gibt, auch wenn wir ihn nie persönlich kennen gelernt haben. Die Gesamtheit dessen, was für uns Wirklichkeit ist, ist eine Sammlung von Annahmen. Aufgrund unserer Erfahrungen stellen wir fest, dass diese Annahmen mit größter Wahrscheinlichkeit richtig sind. Auch diese Entscheidung zwischen Richtig und Falsch ist ein Teil unseres Wissens. Die Wirklichkeit entsteht also erst durch Wissen.

Ein großer Teil unseres Wissens, das so genannte Alltagswissen, ist einfach vorhanden. Es ist im Prinzip hinsichtlich Qualität und Umfang bei allen Menschen gleich, jedenfalls innerhalb eines bestimmten Kulturkreises. Wir brauchen uns nicht jedes Mal erneut darüber zu einigen, ob eins plus eins zwei ist oder ob wir an einer roten Ampel halten sollen. Wenn es aber darum geht, ob man einem bestimmten Menschen vertrauen kann oder nicht, hilft das Alltagswissen nicht.

Im Prinzip wissen wir sehr wenig über Wissen. Das Einzige, was wirklich gesichert zur Verfügung steht, sind verschiedene Annahmen über Wissen und dass es verschiedene Arten von Wissen gibt, die durch ihren Gebrauch und ihren Zweck bestimmt werden.

Es ist ein populärer Irrtum, anzunehmen, dass jedes Wissen veraltet. «Wissen hält nicht länger als Fisch», sagte der britische Philosoph und Mathematiker Alfred North Whitehead. Das stimmt so nicht. Was veraltet, ist zunächst all das Wissen, das im direkten Zusammenhang mit aktuellen Nachrichten und Ereignissen steht. Es veraltet besonders schnell und es wird auch extrem schnell wertlos. Trotzdem wird gerade dieses Wissen heute immer noch – genau wie in den sechziger und siebziger Jahren – in den Mittelpunkt der so beliebten Quizsendungen im Fernsehen gestellt. Diese Art von Wissen hat wenig Bedeutung, und es reicht vollkommen aus, wenn man weiß, wo man die Fakten nachschlagen kann.

Anders ist es mit Theoriewissen. Zwar veraltet auch das schnell, immer dann wenn neue Theorien alte ersetzen. Aber es kann durchaus sinnvoll sein, alte Theorien aufzubewahren und zu dokumentieren, besonders dann, wenn sie in einer direkten Beziehung zum so genannten praktischen Handlungswissen oder auch zum technischen Herstellungswissen stehen. Zum Beispiel muss heute kein Kfz-Meister mehr wissen, wie man ein Wagenrad aus Holz herstellt. Trotzdem ist es nützlich, wenn solche Wissensinhalte sorgfältig dokumentiert werden. Sie können für spezielle Fälle durchaus noch gebraucht werden.

Das Prozesswissen spielt besonders in der industriellen Fertigung eine herausragende Rolle. Es umfasst bestimmte Fertigkeiten und Fähigkeiten sowie Erfahrungen bei der Problemlösung. Das Prozesswissen gibt Antwort auf die Fragen: Was muss wie gemacht werden, damit genau das gewünschte Ergebnis erzielt wird? Weil dieses Wissen von enormer Bedeutung für ein Unternehmen ist, wird es normalerweise auch nicht im Rahmen von Patenten geschützt. Denn sonst wäre man gezwungen, die Details für die Konkurrenz offen zu legen.

Das Prozesswissen besteht aus zahlreichen Details, von denen jedes für sich nur wenig Bedeutung haben würde. Doch das Zusammenspiel dieser Details ist das Erfolgsgeheimnis für den Prozessverlauf. Schon simple handwerkliche Tätigkeiten benötigen ein ganz bestimmtes Prozesswissen, was im Ergebnis den Profi vom Heimwerker unterscheidet. Sei es nun die richtige Technik für eine bestimmte Tätigkeit, das Wissen um die Eigenschaften bestimmter Klebstoffe oder die Kenntnis, wie man gute Werkzeuge von schlechten unterscheidet.

Bei industriellen Prozessen ist dieses notwendige Prozesswissen um ein Mehrfaches umfangreicher. Wer nicht in der Produktion tätig ist oder sich nicht mit der Entwicklung von Produkten befasst, hat meist nur eine sehr unscharfe Vorstellung davon, wie wichtig diese unendlich vielen kleinen Details sind. Für einen industriellen Prozess ist die Konstanz und Wiederholgenauigkeit der verschiedenen Bewegungen und Einstellungen von größter Bedeutung. Sie sind Voraussetzung für das Erzielen einer gleichbleibenden Qualität der Produkte. Die Geschwindigkeit eines Fließbandes ist für den Erfolg eines Prozesses oft ebenso entscheidend wie die richtige Temperatur der Produkte oder die richtige Lage einer Verpackung.

Eine weitere Art von Wissen, die heute von großer Bedeutung ist, ist das so genannte Metawissen. Es umfasst das gesamte Planungs-, Regelungs- und Strategiewissen, also alles, was man über Wissen wissen muss. Wichtig sind auch so genannte Kontextinformationen, die einem die Möglichkeit geben, Zusammenhänge zu erkennen.

Intelligenz und Wissen

Es ist keineswegs so, dass Menschen, die über ein hohes Maß an Wissen verfügen, zwangsläufig auch besonders intelligent sind. Es gibt keinen direkten Zusammenhang zwischen Intelligenz und Wissen, außer dem, dass richtig dumme Menschen keine Angst vor dem Wissen anderer haben. Das liegt ganz einfach daran, dass sie sich aufgrund ihrer Dummheit vollkommen selbst überschätzen und überhaupt nicht in der Lage sind, die eigenen Mängel und Wissenslücken zu entdecken. Intelligente Menschen können dagegen ganz deutlich erkennen, was ihnen noch an Wissen fehlt.

Es ist erstaunlich, wie dumm viele Menschen sind, denen von der Öffentlichkeit durchaus eine hohe Kompetenz zugeschrieben wird. Sehen Sie sich doch einmal die Personen an, die, aus welchem Grund auch immer, zur Prominenz der Unterhaltungsbranche zählen und uns tagtäglich im Rundfunk und Fernsehen präsentiert werden.

Selbst dass Führungskräfte in den Unternehmen gelegentlich viel dümmer sind als ihre Mitarbeiter, nehmen viele Menschen oft nur mit Erstaunen zur Kenntnis. Das Gegenteil von Wissen ist eben nicht Dummheit, sondern Nichtwissen. Und das Gegenteil von Dummheit ist Intelligenz.

Wenn ein intelligenter Mensch nicht die Chance hat, zur Schule zu gehen, wie es in den Entwicklungsländern der Fall ist, wird er weder lesen noch schreiben lernen und auch keinen Zugang zu moderner Technik erhalten. Das heißt aber noch lange nicht, dass er dumm ist. Auf der anderen Seite können unintelligente Menschen im Rahmen entsprechender Ausbildungssysteme durchaus große Mengen Wissen anhäufen, ohne dadurch klüger zu werden.

Die Definitionen von Intelligenz

Es gibt verschiedene Definitionen von Intelligenz. Manche Wissenschaftler beschreiben sie mit verbalen Fähigkeiten und der Fähigkeit des Problemlösens. Verbale Fähigkeiten umfassen Wortflüssigkeit, Verständnis beim Lesen, mündliches Ausdrucksvermögen und Wortschatz. Zu den Fähigkeiten des Problemlösens gehört, den Kern eines Problems zu erfassen, die Fähigkeit, einen optimalen Ansatz zu finden, um ein Problem zu bearbeiten, und die Fähigkeit, eine gute Entscheidung zu treffen.

Für andere Wissenschaftler ist ein Mensch intelligent, der über die Fähigkeit verfügt, sich an neue Situationen und sich verändernde Anforderungen anzupassen, der in der Lage ist, zu lernen und Erfahrungen oder Übungen optimal zu nutzen und der die Fähigkeit besitzt, abstrakt zu denken und Symbole und Begriffe zu gebrauchen.

Die komplexeste Definition von Intelligenz hat Howard

Gardner entwickelt. Er geht davon aus, dass die Menschen über sieben verschiedene Arten von Intelligenz verfügen, die je nach Gesellschaft und Person unterschiedlich stark ausgeprägt und entwickelt sind. Das sind

die logisch-mathematische,
die sprachliche,
die musikalische,
die räumliche,
die körperlich-kinästhetische,
die interpersonell-zwischenmenschliche sowie
die intra-personale Intelligenz.

Ein Mensch mit **logisch-mathematischer Intelligenz** verfügt über eine hohe Kompetenz beim Erkennen logischer oder numerischer Muster und hat eine ausgeprägte Fähigkeit zum Umgang mit logischen Argumentationsmustern.

Bei der **sprachlichen Intelligenz** geht es um eine erhöhte Sensibilität für Laute, Rhythmen und Bedeutungen von Wörtern und für eine Sensibilität hinsichtlich der verschiedenen Funktionen von Sprache.

Die **musikalische Intelligenz** besteht aus der Fähigkeit, Rhythmus, Tonhöhe und Tonqualität zu empfinden und selbst zu erzeugen. Sie erfordert ein Verständnis für die Formen musikalischen Ausdrucks.

Die **räumliche Intelligenz** verhilft dazu, die visuell-räumliche Welt genau wahrzunehmen und diese Wahrnehmung zu transformieren.

Die **körperlich-kinästhetische** Intelligenz beruht auf der Fähigkeit zur Kontrolle der eigenen Körperbewegungen und zum geschickten Umgang mit Objekten.

Die **interpersonell-zwischenmenschliche Intelligenz**, die oft auch als emotionale Intelligenz (EQ) bezeichnet wird, ist die Fähigkeit, Stimmungen, Temperamente, Motivationen und Wünsche anderer Menschen genau wahrzunehmen und angemessen darauf zu reagieren.

Die **intra-personale Intelligenz** besteht aus der Fähigkeit, Zugang zu den eigenen Gefühlen und Möglichkeiten zu finden, zwischen ihnen zu unterscheiden und sie zur Planung des Handelns zu nutzen. Es ist das Wissen um die eigenen Stärken und Schwächen, Wünsche und Fähigkeiten.

Zu jeder Art von Intelligenz gehört auch eine bestimmte Art von Wissen. Die logisch-mathematische Intelligenz braucht in erster Linie abstraktes Wissen, während Prozesswissen eher im Bereich der räumlichen oder auch der körperlich-kinästhetischen Intelligenz angesiedelt ist. Jede Führungskraft mit interpersonellem Wissen wird auf Kontextinformationen und Metawissen nicht verzichten können.

Wissen ist also eine ganz wesentliche Grundlage für erfolgreiches Denken. Um Wissen mobilisieren zu können, brauchen wir unsere Erinnerungsfähigkeit. Versagt diese, entstehen ernsthafte Probleme. Welche, das wird im folgenden Kapitel behandelt.

Denkmuster und Lebensalter

Die Gesellschaft in den hoch entwickelten Ländern wird in Zukunft immer mehr aus alten Menschen bestehen, wobei der Begriff alt vollkommen neu definiert werden muss. Man ist deshalb überall und nicht nur in Deutschland bemüht, die in Umlauf befindlichen Meme über das Alter durch neue zu ersetzen, um so die weitere Funktionsfähigkeit der Gesellschaft zu gewährleisten. Natürlich haben hierbei, wie fast überall, die Vereinigten Staaten von Amerika eine Vorreiterrolle.

Die Formel «Man ist so alt, wie man sich fühlt» schien zumindest für die vergangenen zwei Jahrzehnte außer Kraft gesetzt worden zu sein. Alle, die nicht mehr zur 68er-Generation gehörten, galten als alt, und alle, die sich dazu zählten, als jung. Aber diese Definition hatte schon bald ihre Berechtigung verloren. Der Arbeitsmarkt und seine Vorruhestandsregelungen haben die Grenze zwischen Jung und Alt nach unten auf 50 Jahre verschoben, ein Alter, das in wenigen Jahren allenfalls noch als Lebensmitte angesehen werden wird, ungefähr so wie 35 Jahre die Lebensmitte um 1960 bildeten.

Natürlich beeinflusst das persönliche Lebensalter des Einzelnen und das durchschnittliche der Gesellschaft auch die individuellen und kollektiven Denkmuster, wobei die Selbstwahrnehmung neben den genetischen Veränderungsprozessen im Gehirn wohl die Hauptrolle spielt. Was sich jetzt herauszubilden scheint, ist eine «Generation Zeitlos».

Die «Entwicklungspsychologie der Lebensspanne» ist erst in den siebziger Jahren des 20. Jahrhunderts entstanden. Während man früher der Ansicht war, dass es reicht, sich auf die ersten beiden Lebensjahrzehnte eines Menschen zu konzentrieren, um seine Entwicklung beschreiben zu können, hat man inzwischen festgestellt, dass diese ein Leben lang andauert.

Dabei haben sich innerhalb der vergangenen 20 Jahre die verschiedenen Entwicklungsphasen verschoben. Früher gab es vier Phasen: Kindheit bis zum Alter von 15 Jahren, Jugend bis 25, dann 40 Jahre Erwachsensein und ab 65 noch einmal 10 Jahre Alter bis zum Tod. Heute endet die Kindheit oft schon deutlich vor dem 15. Lebensjahr, dafür erstreckt sich die Jugend bis zum 30. Lebensjahr. Die zentrale Phase des Lebens reicht dann vom 30. bis mindestens zum 70. Lebensjahr, bei manchen Menschen sogar bis zum 80. Lebensjahr.

Als Übergang zwischen Kindheit und Jugend wird der Abschluss der Pubertät gesehen. Sie setzt heute wesentlich früher ein als noch vor etwa 100 Jahren. Also verschiebt sich der Beginn der Jugend nach vorn. Gleichzeitig rutscht das Ende der Jugend immer weiter nach hinten.

Mit etwa 20 Jahren sind das Gehirn und das Skelett eines Menschen ausgewachsen. Er befindet sich rein physisch auf dem Höhepunkt seiner Leistungskraft. Allerdings werden sich die Eigenschaften, die man unter dem Begriff Persönlichkeit zusammenfasst, in den kommenden zehn Jahren noch weiter entwickeln und ausformen. So richtig erwachsen wäre ein Mensch also erst mit 30 Jahren.

Zwischen der Adoleszenz und dem tatsächlichen Erwachsensein klafft heute eine neue Lücke, die man mit dem Begriff «frühes Erwachsenenalter» bezeichnen könnte und in englischsprachigen Ländern «Middle Youth» oder auch «Kidults» nennt, also eine Mischung aus Kind und Erwachsenem. Die Soziologen gehen davon aus, dass es sich hierbei nicht bloß um eine verlängerte Jugend handelt, sondern um einen eigenen neuen Lebensabschnitt, der auch ganz neue Formen der Orientierung erfordert.

Früher galten junge Männer oder Frauen dann als erwachsen, wenn sie heirateten. Die Heirat hat heute ihre Bedeutung als Markierung und Abgrenzung weitgehend verloren, da sie immer später und immer häufiger gar nicht stattfindet. Stattdessen ist es der Abschluss eines Studiums oder einer Ausbildung, der in der Regel den Übergang zwischen Jugend und Erwachsensein markiert.

Im Jahr 2000 hatten 70 Prozent aller 30-jährigen Männer ihre Ausbildung abgeschlossen und einen unabhängigen finanziellen Status erreicht. Allerdings lässt sich aus dieser Zahl auch schließen, dass 30 Prozent aller 30-jährigen Männer im Sinne finanzieller Unabhängigkeit eben noch nicht erwachsen waren. Immer mehr 30-Jährige in Europa leben noch bei den Eltern und lassen sich im «Hotel Mama» versorgen. Für sie besteht das Leben aus einer ganz neuen und bisher wenig greifbaren Mischung aus Erwachsenenrechten und -pflichten sowie kindlichen Rechten und Pflichten.

Hauptgründe für den späten Eintritt ins Erwachsenenalter sind die Tatsachen, dass die Ausbildung immer länger dauert und sich oft aus verschiedenen Phasen der Um- und Weiterorientierung zusammensetzt und dass es immer schwieriger wird, durch nur einen Vollzeitjob den Familienunterhalt zu sichern. In der Regel arbeiten bei den jüngeren Erwachsenen beide Ehepartner.

Die 40 oder 50 Jahre des Erwachsenseins wurden früher durch die Art und Weise, woher man seinen Lebensunterhalt bezog, in Berufstätigkeit und Rentner aufgeteilt. Diese Aufteilung hat heute aber keine Berechtigung mehr. Leistungsfähigkeit und Lebensgefühl lassen sich nicht mehr so ohne weiteres an die Berufstätigkeit koppeln. Der langfristige Trend geht dahin, dass sich die Lebensphase zwischen aktiver Teilnahme am Erwerbsleben und Tod immer mehr verkürzt.

Rein physiologisch gibt es für den Menschen in der Zeit zwischen seinem 20. und dem 40. bis 45. Lebensjahr wenig Veränderungen. Danach folgt ein zunächst allmählicher und dann immer schnellerer Abbau seiner körperlichen Fähigkeiten. Entsprechend betrachteten bisher auch die Psychologen hauptsächlich die beiden ersten Lebensjahrzehnte. Sie waren der Ansicht, dass alles, was danach kommt, nur noch auf dem Vorangegangenen beruht und im Prinzip die routinemäßige Abfolge vorgegebener Prozesse ist. Inzwischen weiß man, dass diese Vorstellung falsch ist.

Wissenschaftler haben festgestellt, dass die Wechselwirkungen zwischen einem einzelnen Menschen und seiner Umwelt von viel größerer Bedeutung sind, als man bisher angenommen hat. Hinzu kommt, dass der gesamte Lebensverlauf von immer neuen und immer anderen Einflussfaktoren geprägt wird. Das Leben ist eben keine Hochebene, die wir auf der einen Seite steil erklimmen müssen und die dann zur anderen Seite sanft abfällt, sondern eher eine hügelige Landschaft, in der wir ständig auf- und absteigen. Wir wissen niemals, welche Überraschungen sich hinter dem Horizont verbergen und wie wir mit ihnen umgehen können.

Erfahrungen und die Art und Weise, wie sie erinnert werden, spielen eine ganz wesentliche Rolle. Jedes Gehirn entwickelt immer wieder neue Gewohnheiten und Fertigkeiten, und es ist falsch, diese als Weiter- oder Zurückentwicklung zu interpretieren. Ursula Staudinger, Entwicklungspsychologin und Lebensverlaufsforscherin, sieht die Psyche eines Menschen als ein multidirektionales System, das sich gleichzeitig in verschiedene Richtungen bewegen kann. Während an einigen Stellen Leistungen zuwachsen, gehen sie an anderen Stellen verloren.

Unser Bild vom Älterwerden beruht in den meisten Fällen auf Stereotypen. Wir sind bereit, bestimmte stereotype Vorstellungen, die in der Gesellschaft vorhanden sind, zu akzeptieren und selbst zu übernehmen. Dennoch sind die Unterschiede in den Entwicklungsverläufen der Menschen größer, als es die meisten annehmen oder wahrhaben wollen. So nimmt in der Regel die Offenheit für Neues und das Gefühl, dass man die Kontrolle über sein Leben hat, mit zunehmendem Alter ab. Aber es gibt eben auch Menschen, bei denen sich diese Eigenschaften mit zunehmendem Alter verstärken oder zumindest konstant bleiben.

Für junge Menschen ist der Zuwachs an Kontrolle über das eigene Leben ein Zeichen des Erwachsenwerdens. Sie wollen nicht nur ihr eigenes Leben kontrollieren, sondern gehen darüber hinaus davon aus, dass es möglich sein müsste, die ganze Welt zu kontrollieren. Sie begeistern sich für Theorien und Ideologien, die versprechen, die ganze Gesellschaft zu verändern. Die jungen Leute sind der Überzeugung, dass man nur einige Weichen richtig stellen muss und dann alles nach Plan läuft.

Den anderen Menschen mangelt es ihrer Ansicht nach

entweder an der Einsicht, den richtigen Weg zu erkennen, oder es müssen andere Kräfte am Werk sein, die Interessen verfolgen, die nicht der Allgemeinheit dienen. Das sind dann zum Beispiel «die Kapitalisten» oder «die Konzernbosse», die die Umwelt zerstören oder Arbeitsplätze vernichten.

Diese jungen Leute gehen davon aus, dass es für alles nur einen richtigen Weg und für jedes Problem eine einfache Patentlösung gibt. Man braucht auf der Welt nur das Autofahren zu verbieten, und schon ist die Klimakatastrophe abgewendet. Man braucht nur die Ganztagsarbeitsplätze in Halbtagsarbeitsplätze umzuwandeln, und schon haben alle Arbeit.

Diese Vorschläge hören sich unrealistisch an, sie sind aber Bestandteil der Vorstellungen vieler Jugendlicher darüber, wie die Welt zu verbessern ist. Erst wenn sie als Erwachsene feststellen, dass in ihrem Leben längst nicht alles so läuft und so laufen konnte, wie sie es sich vorgenommen haben, wird ihnen langsam klar, dass das Weltverbessern doch nicht so ganz einfach ist. Je mehr der Mensch die Komplexität der Welt erkennt, desto stärker verliert er das Gefühl, alles kontrollieren zu können.

Zu den Stereotypen gehört auch die Vergesslichkeit älterer Menschen. Zwar wird mit zunehmendem Alter das Arbeitsgedächtnis schlechter und die Reaktionsgeschwindigkeit geringer, aber die Merkfähigkeit lässt längst nicht so drastisch nach, wie viele Menschen es an sich selbst wahrzunehmen glauben. Stattdessen spielen eher die Wahrnehmungsgewohnheiten eine Rolle. Junge Menschen konzentrieren sich gern auf Details, haben aber nicht das Ganze im Blick, ältere Menschen achten mehr auf die große Linie.

Solche Wahrnehmungsgewohnheiten sind aber nicht nur

Jeder Mensch hat eine ganz individuelle Software, die er einsetzt, um das Leben zu bewältigen. Dazu gehören Fachkompetenz und Ausdrucksvermögen, aber auch das Wissen um soziale Zusammenhänge und die Gabe, komplexe Probleme zu lösen. Diese Software bleibt bis ins späte Erwachsenenalter erhalten, nachdem sie im Anschluss an die Jugend einer ganz erheblichen Entwicklung unterworfen worden war.

Die Leistung dieser Software kann im Alter sogar noch anwachsen. Ein gutes Beispiel dafür sind Schachspieler. Gesteht man ihnen nur drei Minuten Zeit zu, um über einen Zug zu entscheiden, dann sind die besten Spieler ungefähr 30 Jahre alt. Erhalten sie jedoch beliebig viel Bedenkzeit, dann liegt das Alter der Weltmeister durchschnittlich bei 46 Jahren. Mehr Erfahrung und mehr Zeit machen sich also deutlich bemerkbar.

Unternehmen haben die Erfahrung gemacht, dass ältere Beschäftigte ihre Stärken in folgenden Bereichen haben: Erfahrungswissen, Arbeitsmoral und Disziplin, Einstellung zur Qualität, Zuverlässigkeit, Loyalität und Führungsfähigkeit. Ältere Arbeitnehmer sind besonders dann besser als jüngere, wenn sie sich das Arbeitspensum, den Arbeitsrhythmus und den Arbeitsablauf selbst einteilen können. Das Gleiche gilt, wenn komplexe Lösungswege erforderlich sind, bei denen es ohne Erfahrung nicht geht, wenn soziale Kompetenzen vorausgesetzt werden und wenn detaillierte Kenntnisse über betriebliche Abläufe und informelle Beziehungen erforderlich sind. Dass sie gerade im Bereich Beratung und Verkauf besonders erfolgreich sind, wird von allen Seiten bestätigt.

Der Erinnerungshöcker: Die prägende Zeit zwischen 15 und 25

Ein ganz spezielles Phänomen wird von den Wissenschaftlern als so genannter Kohorteneffekt bezeichnet. Kohorten sind Gruppen von Menschen, die sich aufgrund ihrer Alterszugehörigkeit und sozialen Situation sehr ähnlich sind. Es hat sich gezeigt, dass Menschen gleichen Alters in ihrer Weltsicht sehr viel ähnlicher sind als Menschen, die zwar aus dem gleichen sozialen Umfeld stammen, aber zu einer anderen Altergruppe gehören.

Es ist speziell die Lebenszeit zwischen dem 15. und 25. Lebensjahr, die wie eine Art «Erinnerungshöcker» das spätere Erwachsenenalter prägt. Die Ereignisse und Erfahrungen aus dieser Zeit beeinflussen das ganze spätere Leben. Sie können individueller, aber auch genereller Natur sein. Häufig korrespondieren beide miteinander, wie zum Beispiel die Kriegserlebnisse für die um 1920 Geborenen, die Nachkriegszeit für die um 1930 Geborenen und der Fall der Mauer für die um 1970 Geborenen.

Jeder Mensch konstruiert sich auf eine ganz bestimmte Weise seine persönliche Lebensgeschichte, bestehend aus Ursachen, Wirkungen und Gründen für das, was passiert ist oder nicht, und der Art und Weise der Zusammenhänge einzelner Faktoren bei Erfolgen oder auch Misserfolgen. Ob diese Konstruktionen objektiven Fakten entsprechen oder nur subjektiven Wahrnehmungen, ist eine müßige Frage. Entsteht doch die Identität eines Menschen hauptsächlich dadurch, wie er sich selbst definiert und interpretiert. Andere Menschen würden aus gleichen Erfahrungen vielleicht ganz andere Schlussfolgerungen ziehen.

Es kann also durchaus sinnvoll sein, wenn sich ein Mensch differenziert mit der eigenen Lebensentwicklung befasst. Mit zunehmendem Alter kommt er dann oft zu vollkommen neuen Bewertungen des Vergangenen, die zu einem Verhaltenswandel führen können. Auch wenn die Persönlichkeit eines Menschen ab dem 30. Lebensjahr relativ stabil bleibt, heißt das nicht, dass die einzelnen Aspekte dieser Person nun auf Dauer festgeschrieben sind. Auch nach dem 40. Lebensjahr gibt es noch Entwicklungen, die gern als Midlife-Crisis beschrieben werden. Es stellt sich die Frage, ob es sich dabei wirklich um eine Krise handelt oder eher um einen Fortschritt.

Das mittlere Alter kann eine Periode außerordentlichen Wachstums oder außerordentlicher Veränderungen sein. Es sind zwar keine Hormonschübe, die den Menschen erschüttern, sondern die Erkenntnis, dass die Lebenszeit knapp wird. Daraus erwächst oftmals ein sozialeres Verhalten, Ziele werden neu gesteckt, und es entsteht der Wunsch nach Selbstverwirklichung. Man möchte endlich der Mensch sein, als den man sich selbst denkt.

Was die Menschen der Gegenwart von denen der Vergangenheit unterscheidet, ist, dass Wirtschaft und Gesellschaft viel stärker im Fluss sind und sich schneller verändern, als es früher der Fall war. Entwicklungen, die über Generationen abliefen, werden heute in wenigen Jahren oder Jahrzehnten komprimiert. Kein Wunder also, dass die Unterschiede zwischen den Generationen immer größer werden.

Wer die Denkweise von Menschen verschiedener Altersstufen verstehen will, sollte sich auch vor Augen führen, welchen Einflüssen eine bestimmte Altersgruppe in der Zeit zwischen dem 15. und 25. Lebensjahr ausgesetzt war. Diese

Zeit verbindet die Mitglieder der Altersgruppe mehr als jede andere und gibt ihnen eine gemeinsame Erinnerung und Identität. Es sind ganz bestimmte Denk- und Wertemuster entstanden, die die jeweilige Altersgruppe von allen anderen unterscheidet.

Zu den «Old Lions» zählen alle Menschen, die heute 60 Jahre oder älter sind. Sie sind es gewohnt, hart und detailgetreu zu arbeiten. Sie verhalten sich nach allen Seiten loyal, neigen aber dazu, das zu verklären, was früher war. Bei Konflikten fühlen sie sich höchst unwohl, offenen Widerspruch halten sie nicht für opportun, und Angriffe stecken sie eher schweigend weg, anstatt sich offen zu wehren.

Diesen Old Lions standen in der Schule, in der Berufsausbildung und an der Universität Erwachsene gegenüber, die in ihrem Denken noch fest in der Vorkriegszeit verankert waren. Der Jugendliche war gezwungen, Autorität, ob echte oder unechte, zu achten und Respekt zu zeigen. Älter zu sein bedeutete in dieser Zeit automatisch, auch mehr Rechte zu haben und höhere Ansprüche an die nachfolgende Generation stellen zu können. Solche Vorbilder wurden einerseits übernommen, andererseits aber auch, wie die beginnenden Studentenunruhen zeigen, vehement bekämpft.

Leistung lohnte sich in dieser Zeit ganz besonders. Arbeitskräfte waren knapp und gesucht, und das machte die Jugend zunehmend selbstbewusster. Wenn man in der Jugend einmal verinnerlicht hat, dass Arbeit im Übermaß vorhanden ist und man nur zuzugreifen braucht, wo man möchte, kann man mit 60 nur noch schwer mit der Vorstellung leben, dass man jetzt nicht mehr gebraucht wird.

Aber die Old Lions sind auch nicht gewöhnt, einfach die Flinte ins Korn zu werfen. Schließlich haben sie schon einmal die Gesellschaft verändert, und warum sollte das nicht auch noch ein zweites Mal gelingen? Der Glaube an die Machbarkeit von Veränderungen dürfte dieser Generation ins Blut übergegangen sein wie keiner anderen nach ihr. Auch das Thema Technik wurde in der Jugend positiv erlebt. Selbst wenn in den späteren Erwachsenenjahren neue Erfahrungen hinzukamen, so wird doch das meiste nach wie vor unter dem Motto «Machen und ändern» betrachtet.

Die Babyboomer, die Menschen zwischen 40 und 60 Jahren, sind unter allen Altersgruppierungen die größte. Für sie dreht sich das Leben immer noch um den Job. Die Älteren haben Führungsaufgaben oder müssen kämpfen, um die erreichte Position zu halten. Wer nicht mehr im Beruf steht, sucht neue Aufgaben. Die 50-Jährigen kämpfen gegen die Altersdiskriminierung und die 40-Jährigen darum, zumindest noch eine Stufe nach oben zu erklimmen. Sie sind generell mitbestimmungs- und konsensorientiert und gelten auch als gute Teamarbeiter.

Grundsätzlich neigen die Babyboomer dazu, die Ursachen für Probleme und Schwierigkeiten nicht bei sich selbst zu suchen, sondern bei anderen. Sie haben ein starkes und manchmal auch überzogenes Ego, deshalb reagieren sie auf Kritik recht empfindlich. Harten Konfrontationen gehen sie lieber aus dem Weg. Eines verbindet sie besonders: Sie fürchten inzwischen die Konkurrenz der Jüngeren – mehr als jede andere Generation.

Was die um 1955 und danach Geborenen besonders geprägt haben muss, war die zunehmende Unsicherheit in der politischen, gesellschaftlichen und wirtschaftlichen Gesamtlage. Zwischen dem, was man als privates Leben empfand, und dem öffentlichen Leben tat sich eine immer größere

Diskrepanz auf. Nicht mehr die Erwachsenen galten als Vorbilder, sondern es waren die Vertreter der so genannten 68er Generation, die den Ton angaben. In gewisser Weise bestimmte Angst um die Zukunft das aktuelle Lebensgefühl. Nicht zufällig hatte die Anti-Atomkraft-Bewegung so großen Zulauf.

Am Ende des Erinnerungshöckers der Jahrgänge nach 1955 zeigte sich eine starke Tendenz, politisch aktiv zu sein. Die politische Grundhaltung, wie sie durch die Massenbewegungen der Bürgerinitiativen und Umweltschutzorganisationen verkörpert wurde, bestimmt auch heute noch Verhalten, Denken und Sprache dieser Generation.

Die heute 40-Jährigen stellen immer häufiger die Frage nach der eigenen Identität, nach Sinn und Zweck ihres Lebens, wofür in den hektischen Berufsjahren zuvor keine Zeit war. Die Zahl der Aus- und Umsteiger nimmt deutlich zu. Begünstigt wird diese Entwicklung durch die Prägungen, die diese Generation im Alter zwischen 15 und 25 Jahren erfahren hat. Die revolutionären Ziele der 68er waren ihnen fremd und gehörten einer anderen Generation an. Zeit ihres Lebens haben sie starke ökonomische und politische Schwankungen erlebt – einschließlich des Endes des Kalten Krieges.

Viele der überkommenen Gewissheiten, die die vorhergehenden Generationen noch transportierten, sind ihnen abhanden gekommen. Sie haben sich vom linearen Lebensentwurf verabschiedet. Dazu gehört dann auch die Bereitschaft, einen Beruf, der einen nicht mehr erfüllt, aufzugeben. Für einen solchen Neuanfang sind 40-Jährige keineswegs zu alt. Ihr Vorteil ist aber auch, dass sie sich als Person besser kennen, wissen, was sie können und was nicht, und insgesamt entschlossener vorgehen als jüngere Generationen.

Gesellschaftswissenschaftler halten diese Generation für insgesamt privilegiert. Sie ist gut ausgebildet und gehört noch zu jenen, die am Anfang des Berufslebens gut verdienen konnten. Wie keine andere Generation wurde sie von den 68ern geprägt, die als Lehrer und junge Professoren an den Universitäten unterrichteten. Für viele späte Babyboomer sind diese inzwischen aber zu einem Feindbild geworden, weil sie ihre Stühle nicht räumen und den Weg nach oben versperren. Manche nennen die Generation der jetzt 40-Jährigen «Generation XY ungelöst». Das ist nicht viel besser als das, was man der nächsten «Generation X» nachsagt. Sie wird auch als «Generation ratlos» bezeichnet.

Die typischen Vertreter der «Generation X» sind um 1975 geboren. Ihr generelles Weltbild wurde in den Jahren von 1990 bis 2000 geprägt. Die Wiedervereinigung Deutschlands ist für sie ebenso eine Selbstverständlichkeit, wie es für die vorangegangenen Generationen die Teilung des Landes war. Das andere Deutschland, das für die vorhergehenden Generationen von beiden Seiten gesehen stets die Nachteile eines anderen Gesellschafts- und Wirtschaftssystems darstellte, existiert nicht mehr. Die «Generation X» erlebt von Anfang an die Chancen, aber auch die Belastungen, die mit der Angleichung der Arbeits- und Wirtschaftsbedingungen verbunden sind.

Die «Generation X» ist selbstsicherer als die vorangegangene und hat keine Scheu vor Konflikten. Sie richtet sich nicht nach Vorbildern und sie hat gelernt, sich dem Wandel anzupassen. Die 30-Jährigen trennen klarer als die Älteren zwischen Arbeit und Privatleben. Insgesamt wirken sie frustrierter. Es ist ihnen oft alles nicht begründet genug und zu wenig transparent. Sie sagen unbefangen und offen ihre Meinung. Nur will sie oft gar keiner hören. Manche diagnostizieren, dass diese Menschen einerseits noch zu sehr in ihrer eigenen Jugend gefangen sind, dass sie in einem starren Wohlstandssystem stecken und mehr als andere Angst vor der Zukunft haben.

Der Altersgruppe der 30-Jährigen wird gern unterstellt, dass sie durch Globalisierung, Markenrausch, Internet und Börsenboom zu zuversichtlich geworden seien, die Vorgänger-Generation überholen zu können. Sie können zwar besser Englisch und verfügen über mehr elektronisches Know-how, aber das allein reichte nicht, um mit dem Börsenkrach und den Ereignissen vom 11. September 2001 fertig zu werden. Die Generation der 40-Jährigen gilt einfach als erfolgreicher.

Die um 1985 geborenen so genannten Nexter gelten als optimistisch, unkompliziert und pragmatisch. Sie machen gern vieles gleichzeitig, bringen aber nicht alles zu Ende. Sie sind in der Regel behütet und gefördert aufgewachsen. Konflikte haben sie in ihrem bisherigen Leben kaum kennen gelernt. Wie die jetzige Zeit sie beeinflussen wird, muss sich in Zukunft erst noch zeigen. Es sind die jungen Ostdeutschen, die heute in besonderem Maße den Wert der Freiheit entdecken und aus den Möglichkeiten mehr zu machen versuchen als die Jugendlichen in den alten Bundesländern.

Die Gruppe der 20-Jährigen in Deutschland hat gegenüber der Vorgeneration eine deutlich gewandelte Lebenseinstellung. Während vor zehn Jahren noch 61 Prozent der Jugendlichen beim Kauf auf umweltfreundliche Produkte achteten, sind es inzwischen nur noch 39 Prozent. Eine gesunde Ernährung spielt nur noch für 42 Prozent eine Rolle gegenüber 55 Prozent vor zehn Jahren. Dafür nimmt die Bedeutung einer trendgerechten Bekleidung deutlich zu, ebenso wie die Nachfrage nach Kosmetikprodukten. Jugendliche orientieren sich heute mehr denn je an Vorbildern aus Musik, Film, Fernsehen und Show. Die Stars sind Leitbilder und geben die Richtung an bei Styling und Outfit.

Was bei der Nexter-Generation besonders auffällt, ist, dass noch viel zu wenig junge Leute zukunftsträchtige Ausbildungen anstreben. Bevorzugt werden nach wie vor klassische Ausbildungsgänge, besonders von den jungen Frauen. Auch unter den Studenten sind traditionelle Disziplinen wie Betriebswirtschaftslehre, Volkswirtschaftslehre, Jura sowie Sozial- und Sprachwissenschaften immer noch am stärksten gefragt. Offensichtlich haben die Jugendlichen immer noch nicht begriffen, wo in Zukunft die Chancen liegen.

Die Vielfalt des Denkens

Jeder Mensch wird beim Denken auf seine ganz persönlichen Ressourcen zurückgreifen und eine ganz bestimmte Vorgehensweise bevorzugen. Über die persönlichen Ressourcen, die das Denken beeinflussen, habe ich bereits geschrieben. Hier soll es um die Art und Weise gehen, wie man denkt.

Am augenfälligsten sind die beiden einander scheinbar widersprechenden Denkmethoden der Logik und der Kreativität. Viele Menschen glauben, dass diese sich gegenseitig ausschließen. Während sich die Logik mit korrekten Folgerungen befasst und sich schrittweise von Aussage zu Aussage auf ein Ergebnis zubewegt, versucht die Kreativität durch neue oder unübliche Kombinationen, aber auch durch den Verstoß gegen Regeln zu Ergebnissen zu kommen, die dann letzten Endes wieder als richtig und damit auch logisch erkannt werden können.

In so genannten Gedankenexperimenten werden beide Vorgehensweisen miteinander verbunden. Der bekannteste Gedankenexperimentator, der Physiker Albert Einstein, sagte über sich: «Wenn ich über mich und meine Denkweise nachdenke, komme ich fast zu dem Schluss, dass die Gabe der Phantasie für mich mehr bedeutet hat als meine Begabung, absolutes Wissen aufzunehmen.»[10]

Einstein verstand es, über die Natur zu staunen und trotzdem nicht auf klare Gedanken zu verzichten. Er dachte

10 Die Welt vom 11.07.2005

über Probleme nach, über die Erwachsene normalerweise nicht mehr nachzudenken pflegen. Einstein sagte über sich selbst, er habe sich so langsam entwickelt, dass er sich über bestimmte Probleme wie Raum und Zeit auch dann noch wundern konnte, als er erwachsen war. So kam er auf Gedanken, die anderen nicht mehr durch den Kopf gingen.

Beispielsweise fragte sich Einstein, wie es wohl aussähe, wenn er auf einem Lichtstrahl reiten würde – für viele Erwachsene eine unsinnige Frage. Aber Einstein führte sie letzten Endes zur Entwicklung der speziellen Relativitätstheorie. Denn wenn man sich so schnell bewegt wie das Licht, kann man dann das Licht noch sehen, oder ist es dunkel? Für viele mag dieses Gedankenexperiment schwer nachzuvollziehen sein. Doch es gibt auch andere Beispiele.

So war man zur Zeit Galileo Galileis durchaus der Meinung, dass schwere Körper schneller zur Erde fallen als leichte. Dabei ging es nicht darum, dass eine Eisenkugel schneller auf dem Boden landet als eine Feder, die ja schließlich den Luftwiderstand zu überwinden hat, sondern darum, wie sich schwere und leichte Körper zum Beispiel in einer luftleeren Röhre verhalten würden. Man glaubte, dass auch dort schwere Körper eher auf dem Boden landen als leichte.

Deshalb machte Galilei folgendes Gedankenexperiment: Er ging davon aus, dass man einen schweren und einen leichten Körper mit einem gewichtslosen Draht verbinden könnte. Was würde dann passieren? Zusammen müssten sie eigentlich noch schneller zu Boden fallen, da sie ja gemeinsam noch schwerer sind als der schwere Körper allein. Aber da die Theorie ja besagte, dass leichte Körper langsamer fallen, gab es auch die Möglichkeit, dass der leichtere Körper den schwereren bremst und dass deshalb beide gemeinsam langsamer zu Boden fallen, als es der schwere Körper allein täte.

Der Widerspruch in den beiden Annahmen lässt sich nur durch die Annahme auflösen, dass alle Körper gleich schnell fallen. Kreativität und Logik gemeinsam führen offensichtlich zu besseren Ergebnissen, als wenn man sich bei seinem Denken nur auf eine der Methoden stützt.

Dieser Ansicht war auch der 1998 gestorbene russische Patentexperte Genrich Saulowitsch Altschuller. Er entwickelte 1946 eine Theorie des erfinderischen Problemlösens, die «Teoria reshenija izobretatjelskich zadacz», für die noch heute die Abkürzung TRIZ üblich ist. Insgesamt sichtete Altschuller rund 200 000 Patentschriften, wobei er in 40 000 davon elementare Fortschritte erkannte, die sich im Prinzip auf drei Gesetzmäßigkeiten zurückführen ließen.

Sie alle waren auf eine vergleichsweise kleine Zahl von Lösungsprinzipien zurückzuführen, die Evolution technischer Systeme folgte ganz bestimmten Mustern, und es mussten in der Regel Widersprüche überwunden werden, wobei man auf Erkenntnisse aus anderen Arbeitsfeldern zurückgriff. Altschuller fasste die Ergebnisse seiner Forschungen in 40 Prinzipien zusammen, die die Grundlage seiner Theorie bildeten. Dabei kam er zu vier Kategorien:

1. Systematik, die im Prinzip dem logischen Denken entspricht
2. Vision, die Entsprechung zur Kreativität
3. Analogie
4. Wissen.

Die 40 TRIZ-Prinzipien haben nun keineswegs nur Gültigkeit für die Lösung technischer Probleme, sondern sind auch für das Alltagsleben anzuwenden. Voraussetzung ist allerdings, dass man sich intensiv mit den Prinzipien selbst beschäftigt. Denn sie sind keineswegs so formuliert, dass man sie wie eine Gebrauchsanleitung anwenden kann, sondern haben eher Ähnlichkeit mit chinesischen Strategemen.

So ist zum Beispiel die Regel Nummer 7 das Prinzip der Steckpuppe (Matrjoschka). Hier heißt es: «Platziere ein Objekt innerhalb eines anderen, das sich wiederum in einem anderen Objekt befindet.» Hieraus eine konkrete Idee oder Problemlösung abzuleiten, scheint zunächst einmal schwierig. Aber wir finden solche Lösungen durchaus in der Wirklichkeit, wie zum Beispiel das Prinzip des Geschäfts im Geschäft (Shop in Shop), wobei Markenartikelhersteller in großen Kaufhäusern einen eigenen, in sich abgeschlossenen Verkaufsbereich ausschließlich für ihre Produkte führen.

Die Regel Nummer 11 ist das Prinzip des «vorher untergelegten Kissens». Auch hier weiß man zunächst nicht, was das sein könnte. Die Erklärung dazu lautet: «Stelle im Voraus Notfallmaßnahmen zur Verfügung, um auf die geringe Zuverlässigkeit eines Objekts vorbereitet zu sein.» Auf der Grundlage dieser Regel wurden für Computer Antivirusprogramme entwickelt. Sie sind so lange überflüssig, wie kein Virus den Rechner zu befallen droht oder gar befallen hat. Doch dann sind sie von höchster Wichtigkeit, um die weitere Arbeit des Geräts zu gewährleisten.

Man sieht an diesen Regeln, dass es ganz offensichtlich nicht klappt, das Denken mit eindeutigen Vorschriften in Bewegung zu setzen. Ein ganz anderer Aspekt, um die Vielfalt des Denkens zu erkennen, ist die Musik. Sie zu hören, hat nicht nur auf jeden Menschen eine ganz bestimmte Wirkung, auch das Selbstmusizieren oder gar das Komponieren wirken sich hirnorganisch aus. Musik ist zu komplex, als dass sie heute schon in ihrer vollen Wirkung auf das Denken erforscht wäre. Sie richtet sich an die Gefühle, an die Erinnerung, sie kann die Motorik steuern, ja sie kann sogar Schmerzen lindern oder heilen.

Ein ganz anderes besonderes Phänomen des Denkens ist die Synästhesie. Hierbei ist es so, dass ein bestimmter physikalischer Sinnesreiz in zwei- oder mehrfacher Form wahrgenommen wird. Geräusche, die man hört, erzeugen bei Synästhetikern auch innere Bilder mit Farben und/oder Formen. Dabei gibt es aber nicht nur die Erscheinungsform, dass die fünf Hauptsinne in andere Bereiche transferiert werden, also dass man Bilder schmecken kann oder Gerüche hören, sondern es gibt auch so genannte Gefühlssynästhetiker, die selbst abstrakte Begriffe wie Jahreszahlen oder den Charakter einer Person zum Beispiel als Form oder Farbe wahrnehmen.

Man schätzt, dass es in Deutschland rund 40 000 Synästhetiker gibt, bei denen ein Sinnesreiz neben einer normalen Wahrnehmung auch unwillkürlich zusätzliche Empfindungen hervorruft, wobei jedoch das so genannte «Coloured Hearing», also das Erleben von Tönen zeitgleich mit Farben, die häufigste Form ist. Da die Synästhesie offenbar angeboren ist und die Synästhetiker deshalb schon immer damit leben, ist vielen diese Besonderheit überhaupt nicht bewusst. Viele trauten sich in der Vergangenheit auch nicht darüber zu sprechen, weil sie nicht als verrückt gelten mochten. Heute wird die Synästhesie systematisch erforscht, weil man sich davon weitere Aufschlüsse über die Funktion des Gehirns erhofft.

Zusammenfassung: Die Grundlagen des Denkens

Der genetisch bedingte Aufbau des Gehirns und die von den Genen bewirkten Veränderungen aufgrund innerer und äußerer Einflüsse bilden die organische Grundlage für das Netzwerk der Neuronen, in dem die Gedanken ablaufen. Durch die modernen bildgebenden Verfahren ist es möglich, das Gehirn beim Denken zu beobachten und das Zusammenspiel der Aktivitäten verschiedener Hirnregionen zu erkennen.

Man sieht so wohl, dass gedacht wird und auch wo gedacht wird. Was der Mensch denkt, ist aber nicht zu erkennen, und auch nicht, welche Aktivitäten sich bewusst oder unbewusst abspielen beziehungsweise wie diese beiden Ebenen innerhalb einer Denkoperation miteinander verknüpft sind.

Das Gehirn organisiert sich als Netzwerk selbst, wobei es den für Netzwerke geltenden Regeln und Mustern folgt. Die Selbstorganisation erfolgt im Rahmen der individuellen Verarbeitung äußerer Reize und Informationen. Das heißt, jeder Mensch bewertet und speichert eingehende Informationen ganz individuell innerhalb einer bestimmten Spannbreite.

Was für den einen eine Katastrophe sein kann, ist für den anderen eine banale Nebensächlichkeit oder, wie es der Komödiant Otto Waalkes beschrieben hat: «Ich hatte einen

Freund, der war Millionär und glaubte, er sei der unglücklichste Mensch der Welt, weil ihm sein Rasierpinsel ins Klo gefallen ist.»

Das Wertesystem als Grundlage von Gedankenmustern muss angeboren sein, weil alle Menschen in den verschiedenen Kulturen ein ähnliches Verhalten aufweisen, das auch schon bei kleinsten Kindern zu beobachten ist. So lässt sich schon bei Säuglingen von sechs Monaten Eifersucht auf andere Säuglinge beobachten. Ausgehend davon, was den Menschen in seinem Verhalten und damit auch in dem zugrunde liegenden Denken beeinflusst, sind drei Grundmuster zu erkennen, auf denen alle weiteren aufbauen.

Diese drei Grundmuster sind: 1. «Es ist richtig», 2. «Es ist möglich» und 3. «Ich will es». Diese Grundmuster ermöglichen die Entscheidung zwischen Richtig und Falsch, Möglich und Unmöglich und ob man etwas will oder nicht. Denken ist also immer entscheidend, das gilt auch für die unbewussten Gedankenabläufe. Dass dabei das unbewusste Denken das bewusste weit überwiegt, ist eine Tatsache, die wir akzeptieren müssen. Das Unbewusste ist der Steuermann unseres Lebens.

Neben den Genen, die die Grundlagen schaffen und Veränderungen dirigieren, ist es das Verhalten anderer Menschen, das uns durch unbewusst ausgesandte und ebenso unbewusst registrierte Signale in unserem Denken beeinflusst, wie auch die Lebensbedingungen, denen wir im Laufe unseres Lebens, ganz besonders aber in der Kindheit und Jugend, ausgesetzt sind.

Die Eigenarten und besonders die Talente eines Menschen werden erst im Zusammenspiel zwischen Genen und Gesellschaft ausgeformt.

Die Mehrzahl unserer Gedanken wird durch Impulse von außen angeregt. Es sind die Spiegelneuronen, die uns befähigen, die unbewussten Signale anderer Menschen zu verstehen, aber auch selbst permanent unbewusste Signale auszusenden. Doch nicht nur das Verhalten anderer Menschen beeinflusst uns. Entsprechend der individuellen Ausstattung wird jede noch so kleine Veränderung in unserer Umwelt vom Unbewussten beobachtet und bewertet, aber nur in den seltensten Fällen bewusst gemacht.

Das ist einer der Gründe, weshalb Menschenmassen unsere Gefühle bewegen können. Wir achten auf andere, und wenn entsprechend viele Menschen in ihrem Verhalten ein bestimmtes Denkmuster signalisieren, übernehmen wir es.

Abstrakte Inhalte werden in Form von Memen weitergegeben. Auch sie beeinflussen unser Denken und bilden eigene Muster. Wenn wir explizites Wissen speichern und weitergeben, sind die Meme ebenfalls beteiligt. Dabei ist zu beachten, dass auch bei scheinbar abstraktem Wissen wie bei allen anderen Denkvorgängen die Gefühle beteiligt sind.

Das Muster der Gedanken besteht also aus Erinnertem und Gefühltem, in Verbindung mit eingehenden Informationen, die im Netz der Muster miteinander verknüpft werden, um zu entscheiden, was ist, was sein soll oder was sein wird. Diese Entscheidungen verändern sich zu einem großen Teil während des Lebenslaufs eines Menschen, deshalb spielt auch das Alter beim Fortschritt und bei der Veränderung der Denkmuster eine ausschlaggebende Rolle.

Kreativität und Logik sind zusammen mit Wissen und Wahrnehmung die wichtigsten Instrumente des Denkens.

Nur sie gemeinsam können die Muster so verändern, dass der Mensch sich vom Gestern zum Morgen hin orientieren kann.

II. In den eigenen Mustern gefangen

Die Muster in unserem Kopf machen uns zu Individuen, sie bestimmen aber auch unsere ganz persönlichen Denkweisen und Denkleistungen. Einerseits befreien uns die Muster vom Ballast unwichtiger Eindrücke, andererseits halten sie uns wie in einem goldenen Käfig gefangen. Dafür, dass sie uns schützen, begrenzen sie auch unsere Freiheit und lassen uns in Denkfallen tappen. Sie lassen uns Fehler machen, die nur aus der Existenz der Muster heraus zu erklären sind.

Wenn das Denken Probleme erzeugt

Wenn das Denken Probleme erzeugt, so finden sich diese in der Regel in einem der drei folgenden Bereiche, oft aber auch in allen gemeinsam: Beziehungen zu anderen Menschen, Beziehungen zur Wirklichkeit und Entscheidungen.

Besonders viele Schwierigkeiten treten auf, wenn es um die Beziehungen zu anderen Menschen geht. Beziehungen meint dabei nicht spezielle Ordnungen, wie zum Beispiel Verwandtschaften, Ehen, Freundschaften oder das Verhältnis von Arbeitgeber zu Arbeitnehmer und umgekehrt, sondern das Wort «Beziehungen» wird hier in einer sehr allgemeinen Weise gebraucht. Ich meine damit die Wahrnehmung anderer Menschen, ihrer Eigenschaften und Äußerungen, seien sie nun bewusst oder unbewusst, verbal oder nonverbal, sowie die eigenen Reaktionen darauf.

Natürlich tauchen speziell innerhalb von Familien besonders häufig Beziehungsprobleme auf. Da gibt es Schwiegertöchter, die nicht nur nach Anerkennung ringen, sondern sich zur Oberkommandierenden aufschwingen wollen, nach deren Pfeife alle tanzen sollen. Aber auch die Beziehungen der Geschwister untereinander und erst recht die Beziehungen in einem größeren Familienverband sind durch Muster geprägt, die im Laufe der Zeit immer weiter ausgebaut, verästelt, aber auch verändert werden.

Sowohl innerhalb der Familie als auch am Arbeitsplatz beziehen sich die meisten Muster auf die Themen Anerkennung und Autorität. Geht es um die Beziehungen zur Wirklichkeit, so sind es in der Regel Geldentscheidungen, die Probleme verursachen. Denn Geld ist das Symbol für Wert, und Werte sind die Grundlage der Denkmuster.

Die Wirklichkeit, so wie wir sie erkennen, ist unsere ganz persönliche Konstruktion. Auch sie entsteht wie die Beziehungen zum Menschen durch Wahrnehmung in Verbindung zu Erfahrung und Erinnerung, woraus sich wiederum bestimmte Erwartungen ergeben. Diese Erwartungen führen wieder zu Reaktionen, die den Kreislauf von neuem in Gang setzen.

Eine ganz besondere Rolle spielen Entscheidungen, die ja die Grundlagen des Denkens sind. Die Unfähigkeit zur Entscheidung wird sich in der Regel immer viel problematischer auf die Beziehungen zu anderen Menschen, aber auch auf die Wirklichkeit auswirken, als es eine oder mehrere falsche Entscheidungen tun.

Die Macht der unbewussten Einflüsse

Wie sehr Menschen äußeren Einflüssen erliegen, machte eine Sendung von stern TV beim Sender RTL am 27. Juli 2005 deutlich. Zwei Mental-Magier, Jan Becker und Toni Forster, zeigten dort ihr Können. Mentalisten sind Zauberkünstler, die nicht nur ihre eigenen fünf Sinne dazu benutzen, die Illusion hervorzurufen, dass sie einen sechsten Sinn besitzen, sondern die auch mit Bühnentricks arbeiten oder einfach mit ganz bestimmten Wahrscheinlichkeiten, um den Eindruck zu erwecken, dass sie über außergewöhnliche Fähigkeiten verfügen.

Die ganze Sendung stand insofern unter einem falschen Vorzeichen, weil es hieß, es gehe um ein großes Experiment, bei dem sich die beiden Mental-Magier vom Moderator Günther Jauch auf den Zahn fühlen ließen, ob ihnen tatsächlich übersinnliche Fähigkeiten eigen seien. Besser wäre es gewesen, dem Zuschauer zu sagen, dass man ihm hier ganz hervorragende Tricks vorführen werde, für die es scheinbar keine Erklärung gibt.

Stattdessen bewegte sich der Moderator ständig zwischen Verblüfftheit, Erstaunen und Bewunderung und wurde zum Teil der Show, weil er immer wieder bestätigte, dass es sich bei den «Experimenten» gar nicht um Tricks handeln könne, sondern eine höhere Macht im Spiel sein müsse.

Natürlich gehören Menschenkenntnis und die Fähigkeit, die Körpersprache anderer sehr genau lesen zu können, zur Grundausstattung von Mental-Magiern, aber eine ihrer größten Stärken ist das so genannte Forcieren, mit dem sie andere Menschen durch unbewusste Signale zu einem bestimmten Verhalten veranlassen, ohne dass diesen oder den Zuschauern das bewusst wird. Das so gelenkte Verhalten wird dann bei einigen Tricks von Mentalisten schon vorher vorausgesagt und als das Ergebnis von Hellsehen präsentiert.

Dass diese Tricks um Klassen besser sind und viel verblüffender als das Wiederingangsetzen von alten Uhren oder das Verbiegen von Gabeln, wie es Uri Geller seit langem praktiziert, soll gar nicht in Abrede gestellt werden. Aber ganz offensichtlich scheint das deutsche Publikum für solche Tricks außerordentlich empfänglich zu sein. Es ist ja auch nicht verwerflich, sich durch Zauberkünstler gut unterhalten zu lassen, aber es sollte diese Unterhaltung auch als solche deklariert sein.

In der englischsprachigen Welt geht man mit diesem Thema ganz anders um. Beim Buchversender Amazon kann man schon für rund zehn US-Dollar Taschenbücher kaufen, die Titel tragen wie «Practical Mental Magic» und die einem rund 200 faszinierende Mental-Zauberkunststücke erklären. Natürlich braucht das Erlernen dieser Kunststücke viel Übung. Aber man kann sich über die Art und Weise, wie sie im Prinzip funktionieren, informieren.

Dass es aber überhaupt Mental-Magie gibt, ist ein Hinweis darauf, wie groß die Macht der unbewussten Einflüsse auf Menschen ist. Und sie wird natürlich auch im Alltag eingesetzt. Nur trägt sie dann andere Namen wie Marketing, Werbung oder auch Verkaufsförderung. Es sind ganz sublime Assoziationen, die Einfluss auf unsere Denkmuster haben und zu entsprechenden positiven oder auch negativen Werturteilen führen, die dann unser Verhalten steuern.

Assoziationen als Bausteine der Muster

Das menschliche Gehirn ist von Natur aus darauf programmiert, alle Eindrücke und eingehenden Informationen auf ihre Relevanz zu prüfen. Das Unbewusste entscheidet über Wichtig und Unwichtig, Richtig und Falsch, indem es prüft, ob ein Eindruck oder eine Information eine ganz bestimmte Assoziation auslöst oder nicht.

Bestimmte Begriffe, es können aber genauso gut auch Zeichen, Symbole oder Situationen sein, lösen bei vielen Menschen ähnliche Assoziationen aus, wie zum Beispiel das Wort «Coca-Cola». Andere Namen, wie zum Beispiel Hanna, haben für viele Menschen überhaupt keine Bedeutung, sondern nur für jene, für die das der Name der Mutter, der Frau oder der Tochter ist.

Assoziationen laufen in Ketten ab, indem das, was im Unbewussten ankommt, mit Gefühlen, Erinnerungen, Erfahrungen und Erlerntem verbunden wird und dann als komplettes Netzwerk dem Bewusstsein zur Verfügung steht.

In meinem Buch «Wenn das Reptil ins Lenkrad greift» habe ich bereits auf die Bedeutung von Namen hingewiesen, die das rationale Denken weitgehend außer Kraft setzen können. Da sich aber Assoziationen nicht nur auf Namen beschränken, sondern schon von den kleinsten unbewussten Gesten ausgelöst werden können, ebenso wie von Gerüchen,

Geräuschen, Räumen oder Gegenständen, befinden wir uns in einem ständigen Strudel unbewusster Einflüsse, die nicht nur die nächsten Sekunden unseres Lebens bestimmen, sondern uns in einem riesigen, nahezu unendlichen Netz auf Dauer gefangen halten.

Gegen Assoziationen können wir uns kaum wehren. Erst wenn sie im Bewusstsein auftauchen, ist es uns möglich, sie zu bearbeiten, zu verstärken oder zu verwerfen. Aber bis dahin haben sie uns erst einmal im Griff. Denn längst nicht jede Assoziation ist richtig. Eine Frau, die Hanna heißt, muss absolut gar nichts mit der Mutter eines Mannes gemeinsam haben, trotzdem wird er an ihr Eigenschaften entdecken, die er von seiner Mutter her kennt. So wird also der Status eines Menschen nicht durch seine inneren Werte, sondern so gut wie ausschließlich durch äußere Signale bestimmt.

Wenn Denkmuster über den Status entscheiden

Der eigene gesellschaftliche Status ist für die meisten Menschen von großer Bedeutung. Entsprechend viel Raum nimmt das darauf bezogene Denken und Handeln im Leben ein. Ob man will oder nicht, definiert man sich selbst nicht nur aus dem Vergleich mit anderen, sondern auch darüber, was man glaubt, dass die anderen von einem denken. Um sie den eigenen Wünschen gemäß in ihrem Denken zu beeinflussen, bedient man sich besonders gern der Statussymbole.

Statussymbole sind all die Dinge, die eine Aussage über den Menschen und sein Selbstverständnis machen sollen. Im allgemeinen Sprachgebrauch bezeichnet man damit allerdings nur Dinge, die das Prestige des Einzelnen heben, ein teures Auto, ein großes Haus, eine goldene Armbanduhr, vielleicht sogar eine Segelyacht und natürlich ein Urlaub in einem Luxushotel am Ende der Welt.

Aber bei Statussymbolen geht es nur darum, sich selbst zu definieren, und es gibt auch einen Geschmack an der Armut, wie der französische Soziologe Pierre Bourdieu diagnostizierte. Menschen, die sich einer bestimmten Schicht zurechnen, müssen nicht unbedingt arm sein, um sich ärmlich zu geben. Sie bezahlen für geschmacklose und schlecht sitzende Kleidung, für hässliche Schuhe und Möbel aus Plastik tatsächlich genauso viel Geld wie andere für hübsche Kleidung, moderne Schuhe und Möbel aus Edelholz.

Ihnen geht es darum, ihren Status, die Ärmlichkeit, in gleicher Weise zu demonstrieren wie andere ihren Reichtum. Wer Geschmack an der Armut gefunden hat, denkt in Mustern wie «Es kommt nicht darauf an, wie die Kleidung aussieht, Hauptsache sie ist sauber». «Es kommt nicht darauf an, was man isst, Hauptsache man wird satt». Die Darstellungen von Armut und Reichtum sind also oft genug die beiden Seiten derselben Medaille, für die sogar gleich hohe Kosten in Kauf genommen werden.

Der schweizerische Philosoph Alain de Botton sagt, dass wir nicht etwa deshalb so viel und hart arbeiten, weil es unser innerster Wunsch ist, Kredite zu tilgen und Geld auszugeben, sondern weil wir ein so großes Verlangen nach Status haben[11]. Der Status repräsentiert nämlich nichts anderes als

11 Welt am Sonntag vom 25.04.2004

den eigenen Wert, und der wird von den meisten Menschen nur dadurch erlebt, dass er sich in den Augen anderer Menschen widerspiegelt.

Während die Anerkennung durch die Gemeinschaft das Selbstwertgefühl steigert, kann deren Missachtung zu Selbsthass führen. Das gilt für Reiche ebenso wie für Arme. Man braucht eine gehörige Portion Selbstvertrauen, um von der Fremdeinschätzung unabhängig zu sein. Die meisten Menschen haben dieses starke Selbstvertrauen nicht. Denn wir neigen dazu, negative Wesensmerkmale an uns zu entdecken, wie Dummheit oder Bösartigkeit.

Unser Handeln wird durch ein Verlangen nach Anerkennung und Erfolg vorangetrieben, trotzdem fühlen wir uns, auch wenn wir materiellen Reichtum erlangen, unglücklich und arm. Das liegt laut Alain de Botton daran, dass wir unsere Messlatte an den Menschen orientieren, die den gleichen Rang oder die gleiche Herkunft haben, an Menschen, mit denen wir arbeiten oder befreundet sind und mit denen wir uns identifizieren.

Während im großen Teil der Menschheitsgeschichte bescheidende Ansprüche und begrenzte Erwartungen als realistisch und klug galten, glaubt man heute an die praktisch unbegrenzten Möglichkeiten eines jeden Menschen, alles erreichen zu können, und ist neidisch auf jeden, der mehr erreicht hat als man selbst.

Das ständig wachsende Verlangen der Mehrheit der Menschen nach Status und Reichtum lässt sich auf zweierlei Weise befriedigen, mit mehr Geld oder durch Verkürzung des Erwartungshorizonts, meint Alain de Botton. Der erste Weg sei wenig effektiv, besser sei es, sich von den Mitmenschen zu distanzieren, die man als gleichwertig betrachtet, die aber über mehr Besitz verfügen als man selbst. «Anstatt also danach zu streben, ein größerer Fisch im Karpfenteich zu werden, sollten wir uns an den kleineren Fischen in unserer Umgebung orientieren, in deren Gesellschaft wir selbst an Größe gewinnen»[12]. Diesen Rat de Bottons werden allerdings die wenigsten befolgen wollen.

Gesellschaftlicher Aufstieg wird nicht nur durch Güter demonstriert, sondern auch durch Verhalten. Geradezu typisch dafür ist das Gehabe von Menschen, die zu Führungskräften aufgestiegen sind und sich nun verpflichtet fühlen, gegenüber ihren Mitarbeitern ihre herausragende Stellung zu betonen. Besonders unangenehm fallen in diesem Zusammenhang immer wieder Verkaufsleiter auf, die Außendienstleute führen.

Am Abend nach einer Messe oder einer Vertriebskonferenz geht der Verkaufsleiter mit seinen Mitarbeitern gemeinsam essen, und es scheint schon ein festes Ritual zu sein, dass er dann die Kellner und Kellnerinnen schikanieren muss, um seine eigene Bedeutung herauszustreichen. Entweder sind die Gläser nicht gut genug gefüllt, war das Essen zu kalt oder es wird eine kostenlose Runde Schnaps verlangt, weil die Rechnung so hoch ist.

Irgendetwas findet sich immer, um Streit anzufangen und sich als Alphatier zu profilieren. Selbst Menschen, die man sonst eher als friedfertig und ausgleichend kennen lernt, werden in solchen Situationen dazu verführt, ihren Status durch Machtgehabe darzustellen. Wer aufgestiegen ist, hat andere unter sich, und diese haben zu kuschen, demütig zu sein und willfährig.

Selbst im privaten Kreis kann man solches Verhalten oft genug erleben. Wenn jemand seinen Status nach oben

12 Welt am Sonntag vom 25.04.2004

verändert hat, muss er es dadurch demonstrieren, dass er andere, die diesen Status noch nicht erreicht haben oder ihn durch ihre Funktionen zum Beispiel als Parkplatzwärter, Kellner oder Hotelportier auch nicht innehaben können, kleiner macht, als sie ohnehin schon sind.

Wer seinen Status mit allen Mitteln, auch mit unangenehmen, zu verteidigen sucht, kann möglicherweise auch unter Sozialangst leiden. Wenn Angst einen zu großen Raum in unseren Denkmustern einnimmt, kann sie durchaus zur alles beherrschenden Kraft werden, die den übrigen Elementen des persönlichen Denkmusters ihre Konturen aufprägt.

So genannte Sozialangst, an der etwa acht Prozent der Männer und 14 Prozent aller Frauen leiden, kann durchaus karriereförderlich sein. Das meint jedenfalls der italienische Forscher Renzo Rocca. Denn das Gehirn eines Menschen, der unter regelmäßigen Angstzuständen leidet, arbeitet sehr viel rascher als bei Menschen, die nicht ängstlich sind.

Ängstliche Menschen sind sehr selbstkritisch, loben sich selbst selten und versuchen ständig, Fehler zu finden und diese zu beheben. Dabei sind sie nie zufrieden mit dem, was sie erreicht haben, und wollen ständig etwas verbessern oder noch mehr durchsetzen. Sie sind auch nicht in der Lage, passiv eine Situation zu verfolgen, sondern suchen stets nach einer Möglichkeit, einzugreifen. Wird die Situation unübersichtlich, so sehen sie darin nicht ein Handicap, sondern eine Herausforderung.

Wer diese Symptome der Angst beherrschen lernt und sie richtig einzusetzen weiß, verbessert eindeutig seine Chancen im Beruf. Der italienische Forscher ist sich sicher, dass auch viele berühmte Künstler und Genies der Vergangenheit unter dem Symptom der sozialen Angst litten und nur deshalb in der Lage waren, Meisterwerke zu schaffen[13].

Denkmuster mögen keine Zufälle

Eine ganz andere Art und Weise, uns in unserem Denken beeinflussen zu lassen, als die eben beschriebene, ist das assoziative Denken in Ursache und Wirkung, verbunden mit der Suche nach einem Sinn. Denkmuster mögen eben keine Zufälle. Also konstruieren sie einen Sinnzusammenhang auch dort, wo es ihn definitiv nicht gibt. So entstehen neue Muster, die sich in bestehende Assoziationsketten einreihen. Ein gutes Beispiel dafür ist das, was man früher Aberglaube nannte und was heute unter dem Oberbegriff Esoterik eingeordnet wird.

Esoterisches Gedankengut ist weltweit viel stärker verbreitet, als man gemeinhin annimmt. Gerade in den wirtschaftlich hoch entwickelten Ländern sind es nicht etwa die unteren gesellschaftlichen Schichten, die versuchen, ihren Alltag mit Hilfe simpler Magie zu bewältigen, sondern es ist eher die gut gebildete Mittel- und Oberschicht, die gerade aufgrund ihrer besseren Bildung dazu neigt, die Grenzen des Alltäglichen durch esoterisches Denken weiter hinauszuschieben. Besonders Frauen sind für esoterisches Denken empfänglich.

Wie in allen Lebensbereichen gibt es auch in der Esoterik Moden, aktuelle Strömungen und Trends. Eine dieser aktuellen Strömungen ist der Voodoo-Zauber. Voodoo ist zumindest in Deutschland kaum etwas anderes als die eso-

13 Welt am Sonntag vom 02.11.2003

terische Kehrseite des im Jahre 2001 so abrupt beendeten Börsenbooms. Voodoo in Deutschland ist in erster Linie materiell orientiert. Man wünscht sich Lottogewinne, reiche Partner, einfach nur viel Geld oder zumindest den Erlass von Schulden, aber natürlich auch Glück und Gesundheit. Aber auch Rache für Missachtung oder Unterdrückung ist ein starkes Motiv.

Wer keinen Voodoo-Zauber bei entsprechenden Fachleuten in Auftrag gibt, versucht es gern auch einmal selbst. Zauberpuppen und Nadeln, um die kleinen Stofffigürchen ordentlich zu traktieren und so dem ungeliebten Menschen eins auszuwischen, sind nicht nur im Versandhandel und einschlägigen Fachgeschäften, sondern auch schon in manchen Buchhandlungen mit den entsprechenden Anleitungen erhältlich. Immerhin gibt es in Essen sogar das einzige Voodoo-Museum Europas.

Voodoo ist nach Ansicht von Sektenbeauftragten für diejenigen, die sich ernsthaft damit befassen, durchaus nicht ungefährlich. Wer an allmächtige Magie glaubt, lebt in einer Welt voller Angst und kann leicht bis an den Rand des Wahnsinns abrutschen. Denn ins magische Denken kommt man zwar leicht hinein, aber nur schwer wieder heraus.

Eine vielleicht noch größere Faszination als das düstere, blutrünstige und Unheil stiftende Voodoo übt die jüdische Geheimlehre der Kabbala auf die Menschen aus. Kein Wunder, bekennen sich doch Madonna, Mick Jagger und Britney Spears auch zu dieser zur Wellness-Religion mutierten Weisheitensammlung, die die Geheimnisse des Universums entschlüsseln und Antworten auf all unsere Fragen und Probleme bereithalten soll.

Verstehen muss man das aus dem 2. Jahrhundert stammende Grundwerk der Kabbala nicht, um davon zu profitieren. Und lesen muss man die 22 Bände umfassende aramäische Textsammlung auch nicht können. Den gegenwärtigen Jüngern der Kabbala wird versprochen, dass sie die Energie dieser Texte ganz einfach «scannen» könnten. Weisheit light sozusagen[14].

Bei esoterischen Denkmustern geht es immer darum, einen Sinnzusammenhang zu entdecken. Man sucht eine Ordnung, wo es keine gibt, indem man zufällige Ereignisse in Beziehung zueinander setzt, die verschiedenen esoterischen Denkmodelle liefern dafür das Instrumentarium. Und plötzlich stimmt die Welt wieder. Es lässt sich etwas erklären, wo es nichts zu erklären gibt, und es lässt sich etwas erkennen, wo nichts zu erkennen ist. Esoterik sorgt dafür, dass unsere Muster im Kopf so sind, wie sie sein sollten, ein schönes geordnetes Bild und kein wüster Flickenteppich aus chaotischen Einzelteilen.

14 Welt am Sonntag vom 28.03.2004

Erinnerungen – Der Zwang zur Ordnung

Es sind unsere ganz persönlichen Denkmuster, die uns ihre eigene Ordnung aufzwingen. Diese Ordnung beginnt bereits bei den Wahrnehmungen. Wahrscheinlich kennt jeder das Kinderspiel «Ich sehe was, was du nicht siehst». Dabei soll eine Person ihre Aufmerksamkeit auf ein bestimmtes Objekt richten, und eine oder mehrere Personen müssen durch geschicktes Fragen erraten, um welches Objekt es sich handelt. Der Kern dieses Spiels dreht sich um die Selektion dessen, was wir wahrnehmen.

Unser Auge als optisches System sieht im Prinzip alles, was ein anderer Mensch aus derselben Position auch sehen kann. Nur nimmt jeder wahrscheinlich andere Dinge wahr. Für diese unbewusste Auswahl sorgen die Muster in unserem Kopf. Unsere Wahrnehmungen werden mit dem unbewusst Erinnerten und dem bewusst Erinnerbaren in Beziehung gesetzt.

Das Erinnerte und das Erinnerbare sind höchst komplizierte Konstruktionen, die nicht nur aus einer Mischung des Erfahrenen, Erlebten und Erlernten bestehen, sondern die auch noch bewertet und bearbeitet worden sind und immer weiter bearbeitet werden.

Die Erinnerungen sind einem ständigen Veränderungsprozess unterworfen, den wir allerdings nur selten und eher in Ausnahmefällen selbst bewusst wahrnehmen können. Hierbei spielt besonders das Alter eine Rolle, denn dadurch werden am ehesten Veränderungen ins Bewusstsein gehoben. «Wer mit 20 Jahren kein Kommunist ist, muss ein kompletter Idiot sein. Wer aber mit 30 immer noch Kommunist ist, ist dies ebenfalls.»

Ich weiß leider nicht mehr, von wem dieser Satz stammt, und ich will auch nicht darauf bestehen, dass er richtig ist, aber er demonstriert sehr deutlich, wie das eigene Denken, die Wahrnehmungen der Wirklichkeit und die Deutung der Erfahrungen in der Erinnerung verändert und neu zugeordnet werden.

Gerade im Zusammenhang mit Überzeugungen, politischen Meinungen und Werteorientierungen erleben wir am ehesten die Veränderungen in unserer Erinnerung. Das, was zu einem bestimmten Zeitpunkt ganz selbstverständlich «normal» war, wird zu einem anderen Zeitpunkt und in einer anderen Lebenssituation ganz anders gesehen. Unsere Erinnerung verwandelt «Richtig» in «Falsch» und «Wichtig» in «Unwichtig», möglicherweise aber auch alles in die entgegengesetzte Richtung.

Von der Erfahrung zur Erinnerung

In der Vergangenheit bauten die meisten Menschen ihre Erinnerungen aus Erfahrenem und selbst Erlebtem auf. Erfahrungen sind das, was einem selbst widerfahren ist, was man körperlich oder gefühlsmäßig zu spüren bekam. Erlebtes ist das, woran man selbst nicht beteiligt war, was man aber als Zuschauer oder Zuhörer in einer ganz bestimmten Situation mitbekommen hat.

Heute findet das Erleben in erster Linie indirekt durch Fernsehen, Rundfunk oder Internet und noch indirekter durch gedruckte Medien statt. Die Wahrnehmung dieser eingehenden Informationen ist, wie man sich gut vorstellen kann, von höchst unterschiedlicher Qualität. Eine Sturmflut gemütlich vom heimischen Sessel aus zu betrachten, spricht die verschiedenen Sinne weitaus weniger an, als auf einem sturmumtosten Deich zu stehen oder gar im Wasser um das eigene Leben zu kämpfen.

Natürlich ist es nicht notwendig und auch nicht möglich, alle Erfahrungen selbst zu machen. Aber wenn man es selbst erlebt, wird man ein bestimmtes Ereignis mit allen Sinnen wahrnehmen und anders speichern und bewerten als beim Erleben aus zweiter Hand, wo Fiction und Nonfiction, Kriminalfilm und Dokumentarfilm mit den identischen Sinneswahrnehmungen, der Gemütlichkeit des Sessels und der Behaglichkeit einer sicheren Umgebung verbunden sind.

Erwartungen – Mögliches und Unmögliches

Ein ganz wichtiger Aspekt, der im Zusammenhang von Beziehungen zu anderen Menschen und zur Wirklichkeit, aber auch bei der Unfähigkeit zur Entscheidung, eine ganz große Rolle spielt, sind die Erwartungen. Sie spielen im Zusammenhang mit den drei Grundmustern «Es ist richtig», «Es ist möglich» und «Ich will es» eine ganz herausragende Rolle. Erwartungen entstehen nämlich nicht im luftleeren Raum, auch wenn es uns oft so erscheint, sondern ihre Quelle sind die Erinnerungen. Erwartungen ergeben nur dann einen Sinn, wenn sich Erinnerungen und Werte darin spiegeln können.

Erwartungen sind allgegenwärtig. Sie können begründet oder unbegründet sein. Sie können die Erfüllung beeinflussen oder uns nur auf das Hoffen beschränken. Welche Macht die Hoffnung haben kann, beschreibt der Begründer der Logotherapie, Viktor Frankl, in seinen Erinnerungen an die KZ-Haft. Als es zu Beginn des Jahres 1945 erste Gerüchte über das Vorrücken der alliierten Streitkräfte gab, hatte ein Mithäftling ein ganz bestimmtes Datum vor Augen, bis zu dem die Befreiung geschehen sein müsste. Doch das Datum verstrich, ohne dass alliierte Streitkräfte auftauchten. Der Mithäftling erkrankte und starb innerhalb kürzester Zeit. Nur wenige Tage später öffneten die alliierten Streitkräfte die Tore des KZ.

Dadurch, dass sich die Hoffnung auf einen ganz konkreten Zeitpunkt richtete, war sie anschließend verloren, und mit der Hoffnung starb auch der Mensch. Hoffnung gründet sich auf wie auch immer geartete Fakten. Dadurch unterscheidet sie sich von reinem Wunschdenken, das keine konkreten Anlässe findet. Wunschdenken folgt einem Muster, das seine Beziehung zur Realität verloren hat.

Vorurteile – Wenn Denkmuster ein Eigenleben führen

Denken ist zumindest in der Regel kein Selbstzweck, sondern soll das Überleben eines jeden Menschen sichern, indem es ihn in kleinsten Schritten von einer Entscheidung zur nächsten durchs Leben navigiert. Da das Gehirn somit eine klar definierte Funktion hat, folgt es ganz bestimmten Prinzipien, die in einem gesunden Gehirn den Energieaufwand für das Denken so weit wie möglich in Grenzen halten und die die Denkprozesse so schnell wie irgend möglich ablaufen lassen. Es gibt also eine Ökonomie des Denkens.

Das Gedächtnis ist dabei eine der wichtigsten Ressourcen, um ökonomisch arbeiten zu können. Stellen wir uns doch nur einmal vor, wie unpraktisch es wäre, wenn wir eingehende Informationen zwar verarbeiten, aber nicht oder zumindest nicht für längere Zeit speichern könnten und jeden Morgen nach dem Aufwachen die Welt immer wieder neu entdecken müssten. Wie problematisch ein solches Leben ist, zeigen uns Menschen, die entsprechende Krankheitsbilder aufweisen, aber auch immer wieder Filme, die das Thema Gedächtnisverlust thematisieren.

Allerdings ist unser Gedächtnis aus ökonomischen Gründen gezwungen, eine Vielzahl von Informationen ungeprüft oder nur im Rahmen eines bestimmten Kontextes zu speichern und sie auch ebenso ungeprüft wieder abzurufen. Der größte Teil dessen, was einmal unter der Rubrik «Richtig» abgespeichert wurde, wird beim Erinnern nicht noch einmal auf seine Richtigkeit hin überprüft.

Erst wenn es einen wichtigen Anlass gibt, werden wir unsere Erinnerung überarbeiten und altes Wissen durch neues ersetzen. In den meisten Fällen haben wir schon vorher im Rahmen des Speichervorganges geurteilt. Und so kommt es, dass wir stets auf der Basis von einer ganzen Reihe von Vorurteilen denken, ohne dass diese den negativen Beigeschmack haben müssen, den der Begriff «Vorurteil» in sich trägt.

Vorurteile im allgemeinen Sprachgebrauch zeichnen sich dadurch aus, dass sie entweder überhaupt nicht oder nur sehr ungenügend durch überprüfbare Tatsachen und relevante Erfahrungen gestützt werden können. Mit «Vorurteil» bezeichnen wir generalisierende Urteile, die vom Einzelnen aufs Ganze schließen. Vorurteile sind in der Regel richtende Bewertungen über Personen oder Sachverhalte. Sie unterscheiden sich von anderen Bewertungen durch eine starre Verallgemeinerung.

Vorurteile, die eigentlich eine Denkabkürzung durch eine einfache Ordnung und schnelle Orientierung bieten sollen, können also ein Eigenleben führen, das mehr Gefahren verursacht, als es Nutzen bietet. Vorurteile können unabhängig davon, ob sie aufwertender oder abwertender Natur sind, nicht nur für den Einzelnen ganz erhebliche Probleme im Miteinander mit anderen Menschen erzeugen, gegen die sich diese Vorurteile richten oder die diese Vorurteile nicht teilen, sondern sie können auch ganze Gesellschaften in Probleme stürzen, wie es der Nationalsozialismus in Deutschland oder die Roten Khmer in Kambodscha getan haben. Fragen wir uns also, wie Vorurteile entstehen.

Die wichtigste individuelle Quelle sind sicherlich so genannte Schlüsselerlebnisse, die man speziell in der Kindheit macht, aber auch noch als Erwachsener haben kann. Ob man nun auf zu dünnes Eis gegangen und eingebrochen ist, weshalb man dem Schlittschuhlaufen ein Leben lang skeptisch gegenübersteht, oder ob man einmal von einem aggressiven Hund angegriffen wurde und deshalb ein Leben lang einen großen Bogen um Hunde macht, immer handelt es sich um ein einmaliges und persönliches Erlebnis, das entsprechend bewertet wurde und verallgemeinernd als fester Baustein in einem Muster unser Denken bestimmt.

Ein Schlüsselerlebnis ist ein Ereignis, das unser Verhältnis zu bestimmten Menschen, Dingen oder Situationen nachhaltig prägt. Es muss uns nicht andauernd im Bewusstsein herumspuken und uns ständig verfolgen. Es muss nicht so sein, dass dieses Ereignis von uns selbst oder auch von anderen in seiner besonderen Tragweite erkannt wird. Ja, es ist nicht einmal notwendig, dass das Ereignis selbst tatsächlich von besonderer Bedeutung ist. Es kommt einzig und allein darauf an, wie der betroffene Mensch es in seinem Erfahrungsschatz ablegt, wie es mit Gefühlen und anderen Erfahrungen eine Verbindung eingeht.

Nicht jedes einschneidende oder dramatische Ereignis muss zu einem Schlüsselerlebnis werden, es können auch die Banalitäten des Alltags sein. Ein Schlüsselerlebnis kann oft für Jahre oder sogar Jahrzehnte im Unbewussten versinken und trotzdem dort seine Wirkung entfalten. Aber plötzlich passt ein aktuelles Erlebnis wie ein Schlüssel ins Schloss und öffnet unversehens eine lange Zeit verschlossen gebliebene Tür.

Jeder Mensch hat im Laufe seines Lebens solche Erlebnisse. In der Kindheit und Jugend sind sie wahrscheinlich häufiger, aber auch einem Erwachsenen kann es durchaus passieren, dass er etwas erlebt, was ihn im Guten oder im Schlechten für immer verändert.

Welche Erlebnisse auf wen wie wirken, ist kaum vorherzusagen. Die schlimmste Form ist die des Traumas, das den jeweiligen Menschen körperlich und/oder seelisch krank werden lässt. Aber selbst von solchen dramatischen Ereignissen wirken nicht alle auf alle Menschen gleich. Jeder kann in einer ruhigen Minute die Seele baumeln lassen und sich auf die Suche nach solchen Schlüsselerlebnissen in seinem Inneren begeben. Oft ist es auch so, dass man im vertrauten Gespräch mit Freunden plötzlich an bestimmte Ereignisse erinnert wird und Geschichten zum Besten gibt, die sich um ein Schlüsselerlebnis ranken.

Vorurteile entstehen aber auch aus mangelnder Erfahrung. Dies ist besonders häufig bei Jugendlichen der Fall. Bestimmten eher zufälligen Ereignissen wird ein besonderer Erfahrungswert zugeschrieben, der anscheinend keiner weiteren oder späteren Überprüfung mehr bedarf. Die Grenze zu den Schlüsselerlebnissen ist dabei fließend, aber in der Regel richten sich Vorurteile aus mangelnder Erfahrung eher auf Banalitäten, die für unser weiteres Denken zwar bestimmend, aber nicht so wichtig sind.

Zum Beispiel das Vorurteil, die Pizza einer bestimmten Marke ist zu hart (oder zu weich), deshalb wird sie nicht mehr gekauft. Dass das auch an einer fehlerhaften Zubereitung liegen mag, wird dabei nicht in Betracht gezogen. In die gleiche Kategorie fallen auch Vorurteile wie «Ausländische Nachbarn machen zu laute Musik oder werfen ihren Verpackungsmüll in die falsche Mülltonne».

All diese Vorurteile auf der Basis mangelnder Erfahrung zeichnen sich durch eine niedrige Qualität aus und sind auch nicht sehr stark emotional verankert. Anders ist das mit Vorurteilen, die durch eine Autorität in unsere Köpfe gepflanzt worden sind.

Eine solche Autorität kann zum Beispiel die Masse sein. Die Skepsis gegenüber einer solchen Autorität im Spannungsfeld zur Individualität äußerte sich zum Beispiel durch folgenden Text, der auf die Wand eines Universitätsgebäudes gesprüht war: «Leute, esst Scheiße. Milliarden von Fliegen können sich nicht irren».

Eine ganz andere Form von Autorität stellt die der Führungspersönlichkeit dar. Es kann der Vater für den Sohn oder die Tochter sein, aber auch der Papst für die Gesamtheit aller Katholiken oder der Chef eines Unternehmens für seine Mitarbeiter. Die Vorurteile beruhen dann weder auf Schlüsselerlebnissen noch auf einem Mangel an Erfahrung, sondern auf der Akzeptanz derjenigen oder desjenigen, dem die Autorität für eine bestimmte Frage zugesprochen wird.

Dabei wird all das, was die jeweilige Autorität als Ansicht verbreitet, nicht im allgemeinen Sinne als Vorurteil wahrgenommen, sondern ungeprüft als richtig oder zumindest als allgemein verbindlich akzeptiert. Vorurteile sind in diesem Falle nichts anderes als Meme, die sich verbreiten und als Denkmuster verfestigen.

Ein individuelles Vorurteil, das auf persönlichen Erfahrungen beruht, wie zum Beispiel «Alle Hunde beißen», «Schlittschuhlaufen ist gefährlich» oder «Die Pizza der Marke Soundso schmeckt nicht», hat nur wenig Chancen, sich als Mem zu verbreiten. Solche Vorurteile verbreiten sich allenfalls innerhalb von Familien oder kleinen Gruppierungen, erlangen aber kaum Allgemeingültigkeit. Dies ist nur dann möglich, wenn Vorurteile als Stereotype eine gewisse Konsistenz erreicht haben, die bestimmte Kriterien erfüllt.

«Erfolgreiche» Vorurteile müssen sowohl für den Einzelnen als auch für eine größere Gruppe identitätsstiftend sein, indem sie den Einzelnen und die Gruppe aufwerten. Sie müssen eine generelle Orientierung bieten, sodass Abweichungen vom Vorurteil stets als Ausnahme dargestellt werden können. Außerdem müssen sie inhaltlich unscharf sein. Ein solches Stereotyp war zum Beispiel die «Herrenrasse». Es wertete diejenigen, die sich dazu zählten, sowohl persönlich als auch als Gruppe auf, es gab ihnen eine Identität und es war, wenn man es auf Tatsachen abklopfte, praktisch inhaltsleer.

Stereotype haben die unangenehme Eigenschaft, dass sie sich instrumentalisieren lassen, um andere Menschen zu manipulieren, und dass sie sich, da es sich um Meme handelt, auch gut reproduzieren und vervielfältigen lassen. Um Menschen zu manipulieren, kann man sich des Primings und Framings bedienen. Man schafft Situationen, in denen bestimmte Informationen besonders gut aufgenommen werden, oder man stellt sie in ein Umfeld, das ihnen eine überproportionale Aufmerksamkeit gewährleistet.

Während Priming und Framing von außen auf die Manipulation und Verfestigung bestimmter Denkmuster bei Individuen abzielen, geschieht dies durch selektive Wahrnehmung beim einzelnen Menschen selbst. Alle Informationen und Tatsachen, die nicht zum bestehenden Denkmuster passen, werden ignoriert oder abgelehnt, während all jene, die die eigenen Denkmuster bestätigen, begierig gesammelt und registriert werden.

Im positiven Sinne wird die selektive Wahrnehmung als Schutzmechanismus angesehen, der uns vor einer Überflutung mit sich widersprechenden Informationen und Reizen bewahrt. Er hat aber auch ebenso starke negative Effekte. Oft geht es wirklich nur um die Bestätigung der eigenen Meinung und um die Aufrechterhaltung des Musters «Ich habe Recht».

Entscheidungen – Das Richtige tun, das Falsche lassen

In der Hirnforschung wird heute die Bedeutung der Belohnungssysteme im Gehirn immer stärker hervorgehoben. Man trifft bestimmte Entscheidungen, weil das Gehirn sie mit guten Gefühlen belohnt. Warum das aber so ist, hängt sicherlich mit den Werten und Erinnerungen zusammen, denn woher sonst sollte das Gehirn wissen, welche Entscheidungen es zu belohnen hat und welche nicht?

Auch falsche Entscheidungen können nützlich sein

Professor C. Northcote Parkinson schildert in seinem 1962 erschienenen Buch «Favoriten und Außenseiter. Eine Studie über den Erfolg in Wirtschaft und Gesellschaft», welche Probleme ein Manager hat, der immer die richtigen Entscheidungen fällt und dessen instinktives Urteil unfehlbar ist. Ein solcher Mann hat es schwer, denn er wird bei jedem Anlass eine Spur weniger beliebt sein, ebenso wie jemand, der ein kommendes Unwetter stets richtig voraussagt. Die Menschen verwechseln eben einfach den Boten mit der Botschaft.

Und ebenso wie die Leute niemals dem vergeben, dem

sie unrecht taten, genauso ungern verzeihen sie dem Menschen, dessen guten Rat sie in den Wind geschlagen haben. Jemand, der stets im Recht ist, ist zwar für ein Unternehmen von unschätzbarem Wert, seine Karriere wird jedoch nur kurz sein.

Deshalb schlägt Parkinson vor, dass Firmen nach einer Führungskraft Ausschau halten sollten, deren Urteil immer falsch ist. Es reicht nicht, wenn er sich nur gelegentlich irrt oder auch nur in drei Viertel aller Fälle. Und es scheint tatsächlich Menschen zu geben, die ein absolutes Händchen dafür haben, auf den unterschiedlichen Schauplätzen des Lebens stets die falschen Entscheidungen zu treffen.

Parkinson schlägt vor, dass die Unfehlbarkeit eines Falschentscheiders zunächst dadurch erprobt werden sollte, dass man ihm bereits gelöste Probleme unterbreitet. Hat er diesen Test erfolgreich bestanden, wird man ihm einen lukrativen Posten ohne jegliche Entscheidungsbefugnis geben, ihn aber stets in allen mehr oder weniger wichtigen Fragen konsultieren. Denn wie ein Kompass, dessen Nadel nach Süden zeigt, braucht das Unternehmen nur in die genau entgegengesetzte Richtung zu navigieren, um heil ans Ziel zu kommen.

Natürlich war die Geschichte von Parkinson eher humorvoll-ironisch gemeint. Aber es gibt tatsächlich Menschen, die mit großem Geschick von einem Fettnäpfchen ins nächste hüpfen, Fehler beständig wiederholen und trotz offensichtlicher Intelligenz nicht in der Lage sind, die richtigen Entscheidungen zu treffen oder sich überhaupt zu entscheiden.

Die Unfähigkeit, sich zu entscheiden

Die Fähigkeit, sich entscheiden zu können, ist die Basis unseres Denkens. Ohne die Entscheidungen Richtig oder Falsch, Wichtig oder Unwichtig und, im Bereich der Gefühle, ich will oder ich will nicht, wären wir weder in der Lage, eingehende Informationen zu bewerten, noch könnten wir einen sinnvollen Gedanken fassen, weil jeder Gedanke eben aus unendlich vielen kleinen Entscheidungsschritten besteht.

Bedauerlicherweise gibt es Menschen, die aufgrund von organischen Hirnschäden überhaupt nicht mehr in der Lage sind, selbst kleinste Entscheidungen zu treffen. Möchte man mit ihnen einen Termin vereinbaren und hat nur zwei verschiedene zur Auswahl, so entspinnt sich bei ihnen eine unendlich lange Gedankenkette, bei der alles berücksichtigt werden soll, was die Auswahl des «richtigen» Termins beeinflussen könnte.

Das beginnt bei der eigenen Befindlichkeit, möglichen Terminwünschen von Verwandten oder Freunden, spinnt sich dann über die zu erwartende Wetterlage bis hin zu der Frage, welches Verkehrsmittel man wählen sollte, und das nicht etwa nur im Hinblick auf Fahrpläne und mögliche Staus auf den Straßen, sondern bis hin zu der Frage, wie groß die Gefahr ist, durch die Wahl des Verkehrsmittels in einen tödlichen Unfall verwickelt zu werden. Dabei geht es nur darum, ob man am Montag oder am Dienstag kommen möchte.

Diese Art, sich und seinen Mitmenschen das Leben schwer zu machen, ist aber nicht nur als extrem ausgeprägte Krankheitsform zu finden, sondern gehört bei vielen Menschen zu den ganz normalen Denkmustern.

Die Unfähigkeit, sich entscheiden zu können, und die unglückselige Befähigung, sich mit großer Wahrscheinlichkeit falsch zu entscheiden, haben beide ihren Ursprung im Denkmuster, das sich aus Werten und den damit verbundenen Gefühlen zusammensetzt.

Aus dem ersten Grundmuster eines Säuglings, «Es ist richtig oder falsch, dass ich Hunger habe, dass ich Durst habe, dass mir kalt ist, dass sich niemand um mich kümmert», entsteht im Laufe der weiteren Entwicklung durch den zwischenmenschlichen Kontakt, durch Erziehung und durch das Erlernen gesellschaftlicher und kultureller Normen das Muster «Ich habe Recht» oder «Ich habe Unrecht».

«Ich habe Recht» ist in der Regel mit positiven Gefühlen verbunden und kann bis zur tiefen körperlichen Zufriedenheit, einem Rundumwohlfühlen, gehen. «Ich habe Unrecht» erzeugt das genaue Gegenteil. Hat man einem anderen Menschen unrecht getan, so wird man es diesem niemals vergeben, wie Parkinson schon sagte, zumindest dann nicht, wenn einem selbst bewusst ist, dass man dem Menschen unrecht getan hat. Schließlich erzeugt schon allein seine Stimme oder seine Gegenwart ein Gefühl des Unwohlseins.

Genau deshalb ist es so wichtig, dass die Menschen sich entschuldigen, also sich ihrer Schuld entledigen. Sie tun es nicht für den anderen, denn der weiß meist ziemlich genau, dass man ihm unrecht getan hat, sondern sie tun es für sich, um ihre unangenehmen Erinnerungen durch bessere ersetzen zu können.

Aber so einfach ist es mit dem Entschuldigen eben nicht. Denn hier kommt jetzt die Bedeutungssoße ins Spiel, mit der man sich sein eigenes Denken und Handeln so gern versüßt. Falsche Entscheidungen werden so lange mit einem zusätzlichen Sinn aufgeladen, bis sie auf einmal überhaupt nicht mehr falsch erscheinen, sondern das Gefühl vermitteln, letzten Endes doch Recht gehabt zu haben.

Zusammenfassung: In den eigenen Mustern gefangen

Wenn das Denken Probleme erzeugt, so findet man diese in der Regel in einem der drei folgenden Bereiche: Beziehungen zu anderen Menschen, Beziehungen zur Wirklichkeit und Entscheidungen.

Besonders viele Schwierigkeiten treten auf, wenn es um die Beziehungen zu anderen Menschen geht, also um die Wahrnehmung anderer Menschen, ihrer Eigenschaften und Äußerungen, sowie die eigenen Reaktionen darauf.

Sowohl innerhalb der Familie als auch am Arbeitsplatz beziehen sich die meisten Muster auf die Themen Anerkennung und Autorität. Geht es um die Beziehungen zur Wirklichkeit, so sind es in der Regel Geldentscheidungen, die Probleme verursachen.

Die Wirklichkeit, so wie wir sie erkennen, ist unsere ganz persönliche Konstruktion. Auch sie entsteht durch Wahrnehmung in Verbindung zu Erfahrung und Erinnerung, woraus sich wiederum bestimmte Erwartungen ergeben.

Das menschliche Gehirn ist von Natur aus darauf programmiert, alle Eindrücke und eingehenden Informationen auf ihre Relevanz zu prüfen.

Assoziationen laufen in Ketten ab, indem das, was im Unbewussten ankommt, mit Gefühlen, Erinnerungen, Erfahrungen und Erlerntem verbunden wird und dann als komplettes Netzwerk dem Bewusstsein zur Verfügung steht.

Der eigene gesellschaftliche Status ist für die meisten Menschen von großer Bedeutung. Ob man will oder nicht, definiert man sich selbst nicht nur aus dem Vergleich mit anderen, sondern auch darüber, was man glaubt, dass die anderen von einem denken.

Gesellschaftlicher Aufstieg wird nicht nur durch Güter demonstriert, sondern auch durch Verhalten.

Wenn Angst einen zu großen Raum in unseren Denkmustern einnimmt, kann sie durchaus zur alles beherrschenden Kraft werden, die den übrigen Elementen des persönlichen Denkmusters ihre Konturen aufprägt.

Denkmuster mögen eben keine Zufälle. Also konstruieren sie einen Sinnzusammenhang auch dort, wo es ihn definitiv nicht gibt. So entstehen neue Muster, die sich in bestehende Assoziationsketten einreihen. Man sucht eine Ordnung, wo es keine gibt, indem man zufällige Ereignisse in Beziehung zueinander setzt.

Es sind unsere ganz persönlichen Denkmuster, die uns ihre eigene Ordnung aufzwingen. Das Erinnerte und das Erinnerbare sind höchst komplizierte Konstruktionen, die nicht nur aus einer Mischung des Erfahrenen, Erlebten und Erlernten bestehen, sondern die auch noch bewertet und bearbeitet worden sind und auch immer weiter bearbeitet werden.

Die Erinnerungen sind einem ständigen Veränderungsprozess unterworfen, den wir allerdings nur selten und eher in Ausnahmefällen selbst bewusst wahrnehmen können.

In der Vergangenheit bauten die meisten Menschen ihre Erinnerungen aus Erfahrenem und selbst Erlebtem auf. Erfahrungen sind das, was einem selbst widerfahren ist, was man körperlich oder gefühlsmäßig zu spüren bekam. Erleb-

... war, aber als Zu-
... Situation

zusätzlichen Sinn aufgedeckt, bis sie
nicht mehr falsch ...
teil. Letzten Endes ...

... es zu speichern
... en.

... zeichnen sich
... nicht oder nur
... und ide-
... Die wichtigste
... erlebnisse.

... Autorität in
... solche Autorität
... eine Führungs-

... Wahrnehmung ein
... mit sich
... bewahrt. Ihr
... der eigenen

... weil das Gehirn

... ist die Basis

... und die
... Wahrscheinlich-
... Ursprung im
... verbunde-

... mit einem

III. Mentale Kräfte mobilisieren – Denken in neuen Richtungen und neuer Qualität

Gedankenmuster lassen sich ändern. Allerdings hat das in der Regel tief greifende Folgen für die gesamte Lebensführung. Viele Menschen sind zwar mit ihren Beziehungen zur Umwelt unzufrieden, weil diese oft nicht so will, wie sie es wollen, halten aber ihr eigenes Denken für richtig und sehen sich mit dem, was sie tun, voll im Recht. Sie haben wenig Chancen, aus ihrem goldenen Käfig auszubrechen. Mentale Kräfte zu mobilisieren erfordert Mühe und die Bereitschaft, Neues zu lernen und tatsächlich vieles anders zu machen.

Auch wer bessere Entscheidungen treffen möchte, muss gewohnte Denkgepflogenheiten aufgeben. All dies ist am leichtesten, wenn man selbst eine innere Unzufriedenheit spürt. Wer zu dieser Gruppe gehört, wird hier sicherlich Anregungen finden, die ihm weiterhelfen.

Neue Gedankenmuster verändern das Leben

«Am liebsten würde ich in meinem Leben etwas ganz anderes tun, als ich es jetzt tue.» Wer hat diesen Satz nicht schon einmal selbst gesagt oder ihn schon in seinem Freundeskreis gehört? Normalerweise passiert außer einem tiefen Seufzer nichts oder es wird gleich eine Begründung nachgeschoben, weshalb das, was man «wirklich» möchte, ja ohnehin nicht zu realisieren sei.

Da sind die Kinder, die die Schule nicht wechseln können, da gibt es ein Haus, das man verkaufen müsste, man hat einen Arbeitsplatz, der zwar nicht sicher ist, den man aber trotzdem nicht aufgeben möchte, und meist spielt das fehlende Geld ohnehin die größte Rolle als Hindernis für ein erfülltes Leben. Aber stimmen diese Argumente wirklich?

Wo ein Wille ist, ist auch ein Weg, heißt es, und tatsächlich scheint hier in Deutschland der Wille zur echten Veränderung zu fehlen. Deutschland leidet an Neophobie, der Angst vor dem Neuen, diagnostizierte der Wirtschaftswissenschaftler Horst Siebert im Frühjahr 2005[15].

Die Macht des kollektiven Denkens darf man nicht unterschätzen. Ob Optimismus oder Pessimismus, Stimmungen sind ebenso ansteckend wie Krankheiten. Wir wissen, dass es die Spiegelneuronen sind, die kleinste unbewusste Körpersignale lesen, und wir spüren deshalb genau, wenn das, was einer sagt, nicht das ist, was er denkt und fühlt.

15 Welt am Sonntag vom 20.03.2005

Die meisten Deutschen halten Politiker für unehrlich und suchen händeringend nach einem wie Ludwig Erhard, der ihnen sagt, wo es längsgeht, damit alle wieder gemeinsam in eine Linie einschwenken können. Doch statt gemeinsame Interessen zu formulieren und Solidarität zu zeigen, wird die Gesellschaft in immer kleinere Gruppierungen aufgespalten und die Konfrontation von Interessen zelebriert. Kein Wunder also, dass immer mehr Menschen vor der Zukunft Angst haben. Und wenn die Fakten widersprüchlich sind, muss man sich eben noch stärker auf seine Gefühle verlassen.

Das deutsche Denken steht ganz offensichtlich vor einem großen Konflikt. Einerseits hat das menschliche Gehirn von Natur aus einen unersättlichen Hunger auf Neues, andererseits sind aber die kollektiven Muster in den Köpfen offensichtlich mehrheitlich so angelegt, dass sie sich gegen jede Veränderung wehren.

Eines der häufigsten Argumente, das gegen Veränderungen ins Feld geführt wird, ist das Alter. Viele sehen schon mit Mitte 30 keine Chance mehr, auch nur an einen Ausbruch aus ihrer Routine zu denken. Dabei hat die Wissenschaft ganz andere Zahlen parat.

Es ist schon etliche Jahrzehnte her, dass die Hirnforscher annahmen, die Entwicklung des Gehirns und der Persönlichkeit des Menschen sei in den ersten vier bis sechs Jahren abgeschlossen und dann weitgehend unveränderlich. Natürlich werden in dieser Zeit die Grundlagen für bestimmte soziale Fähigkeiten gelegt, andere Menschen zu verstehen und sich ihnen verständlich zu machen. Aber die Entwicklung selbst geht weiter.

Die nächste angenommene Grenze für den Abschluss

der Entwicklung lag in der Pubertät, dann wanderte sie zum 20. und kurz darauf zum 30. Lebensjahr. Nach Langzeitstudien sind die Psychologen inzwischen so weit, ein Ende der Persönlichkeitsentwicklung erst um das 50. Lebensjahr herum zu sehen. Die Hirnforscher gehen sogar noch einen Schritt weiter. Sie stellten fest, dass zumindest bestimmte Neuronen ein Leben lang nachwachsen und dass sich das Gehirn tatsächlich wie ein Muskel trainieren und fit halten lässt.

Wenn die Persönlichkeitsentwicklung tatsächlich erst um das 50. Lebensjahr herum abgeschlossen wird, ist es nicht verwunderlich, dass in vielen Unternehmen kaum noch über 50-Jährige beschäftigt werden. Denn offensichtlich hat sich ihr Blick auf das eigene Leben über Jahrzehnte hin immer mehr ihren eigenen Wünschen und Vorstellungen angenähert, die sie nun endlich verwirklichen wollen. Diese Vorstellungen können natürlich so oder so aussehen, aber die meisten Menschen ändern sich nicht im Laufe ihres Lebens, sondern sie werden nur immer mehr sie selbst. Dem trägt die deutsche Gesellschaft aber kaum Rechnung. Anders ist es in Amerika.

Ein Beispiel für den langen Weg der Selbstfindung ist Richard Cheney. Er hat jahrzehntelang hart für seine erste Karriere gearbeitet. Der Posten als Chairman bei Hill & Knowlton, einer der größten Public-Relations-Firmen der Welt, wird einem nicht geschenkt. Es ist sicherlich faszinierend, Gesprächspartner und Berater von Staatschefs und den Bossen einflussreicher Weltkonzerne zu sein. Wenn es gelingt, die öffentliche Meinung zu manipulieren, Firmen vor feindlichen Übernahmen zu retten oder auch aus «Bad Guys» «Good Guys» zu machen, dann ist das sicherlich eine

Arbeit, die nicht nur den eigenen Ehrgeiz befriedigt, sondern mit der man auch sehr viel Geld verdienen kann. Trotz allem war Richard Cheney nicht zufrieden.

Bereits in den 1970er Jahren begann er Abendkurse am Center of Modern Psychoanalytic Studies in New York zu besuchen. Weder seine Kollegen noch seine Mitarbeiter und auf gar keinen Fall die hochkarätigen Kunden, die er betreute, durften von dieser Nebenbeschäftigung wissen. Erst recht nicht, dass er an den Wochenenden oft auch noch in einer psychiatrischen Anstalt arbeitete, um Praxiserfahrung zu sammeln. Cheney führte ein Doppelleben, in dem beide Seiten vollkommen unabhängig voneinander existierten.

Als er dann seine Dissertation geschrieben hatte und ein fertig ausgebildeter Psychoanalytiker war, verließ er den Vorstandssessel bei Hill & Knowlton. Das war Mitte der Neunziger, und Cheney war immerhin schon über 70 Jahre alt. Finanziell unabhängig und abgesichert, hätten sich andere in diesem Alter nun auf ein Leben als Luxusrentner eingerichtet. Nicht so Cheney. Ein schönes Leben sah für ihn ganz anders aus.

Er eröffnete eine Praxis als Psychoanalytiker und kümmert sich besonders um Patienten, die sich eigentlich eine Therapie gar nicht leisten konnten. Schließlich kommt es Cheney nicht darauf an, Geld zu verdienen, sondern anderen Menschen zu helfen. Selbst heute, mit über 80 Jahren, betreut er noch rund 20 Patienten. Endlich kann er das Leben spüren, so sagt er.

Im Geschäftsleben wusste er nie genau, was die Leute denken. Er lebte in einer Scheinwelt, in der die meisten Menschen Masken trugen und die Wahrheit stets gut gefiltert wurde, bevor man sie weiterreichte. Das Alter hindert

Cheney nicht, noch lange in die Zukunft zu planen. Immerhin ist sein Lehranalytiker Hyman Spotnitz auch noch therapeutisch tätig, obgleich er schon weit über 90 Jahre alt ist.[16]

Viele Muster werden von außen geformt

Man darf die äußeren Einwirkungen auf die Denkmuster eines Menschen keineswegs unterschätzen. Sowohl die Wahl des Lebenspartners als auch die Wahl des Berufs hängen hauptsächlich von den äußeren Lebensumständen ab. In der Regel wählt man Partner, die aus einem ähnlichen sozialen Milieu und in der überwiegenden Zahl der Fälle auch aus derselben Region stammen wie man selbst.

Den größten Einfluss auf die Berufswahl haben bei Jugendlichen die so genannten Peer Groups, der Freundeskreis. Man möchte als Jugendlicher eben dazugehören und tut deshalb das, was alle machen. Jungen möchten gern Kfz-Mechaniker werden, obgleich die Zukunftschancen in diesem Beruf deutlich schlechter sind als in anderen, unter deren Bezeichnung man sich aber leider nichts vorstellen kann.

Kein Wunder also, dass viele Menschen nach Abschluss der ersten Berufsausbildung und vielleicht noch einigen Berufsjahren sich die Frage stellen, ob sie tatsächlich das im Leben tun, was sie von ihren Fähigkeiten her wirklich tun wollten. Eine Frau aus meinem Freundeskreis ist eine begnadete Schneiderin. Sie hat ein hervorragendes Gefühl für Farben und Formen, sie weiß, was anderen Menschen gut

16 Welt am Sonntag vom 29.02.2004

zu Gesicht steht, und sie verfügt auch noch über ein großes handwerkliches Geschick.

Am liebsten wäre sie Schneiderin oder Modedesignerin geworden. Stattdessen arbeitet sie schon seit Jahrzehnten als Verwaltungskraft. Inzwischen leidet sie unter dem Burn-out-Syndrom. Sie war fleißig in ihrem Beruf und rieb sich auf. Aber sie hat nie das getan, was speziell sie besonders gut konnte und immer wollte. An Chancen und Möglichkeiten hat es nicht gefehlt. Ihr Mann verdient gut, und beide hätten auch allein von seinem Einkommen leben können. Trotzdem tat sie nie den entscheidenden Schritt nach vorn. Warum nicht?

Vieles von dem, was wir denken, entspringt nur einer Gewohnheit. Wenn man etwas täglich tut, wird es so selbstverständlich, dass man sich überhaupt nicht mehr vorstellen kann, es nicht zu tun. Gewohnheiten entspringen einerseits bestimmten Mustern, aber sie geben ihnen auch Form. Dadurch verfestigen sie sich immer mehr. Natürlich gibt es sowohl gute als auch schlechte Gewohnheiten, nur fallen die schlechten anderen Menschen leichter auf als die guten.

Eine schlechte Gewohnheit besteht zum Beispiel darin, Entscheidungen, die sicherlich wichtig sind, aber nicht dringend, aufzuschieben. Jedes Denkmuster kennt viele gute Gründe, sich nicht oder zumindest noch nicht für etwas Neues entscheiden zu müssen. Die Frau aus meinem Bekanntenkreis glaubte einen guten Weg gefunden zu haben, indem sie die Schneiderei zu ihrem Hobby machte. So führte sie ihr eigentliches Leben in der Freizeit.

Diese Methode wird von vielen Menschen angewandt. Sie sind sich nur nicht darüber im Klaren, dass sie dadurch einen gleich großen oder sogar noch größeren Teil ihrer Lebenszeit für etwas weggeben, was ihnen in Wirklichkeit gar nicht so wichtig ist, aber notwendig erscheint, um den Lebensunterhalt zu verdienen. Sie spalten ihr Leben auf in den Erwerb des Lebensunterhalts ohne große Freude und in ihr wirkliches Leben, Hobby und Freizeit.

Im Extremfall können sie so zu einer doppelten Persönlichkeit werden, und der Mensch im Beruf ähnelt dem im Privaten nur noch äußerlich. Manche halten diese Persönlichkeitsspaltung ein Leben lang aus, andere nicht. Das Burn-out-Syndrom kann sicherlich ein Zeichen von Überlastung sein, und man kann sich wahrscheinlich auch mit Arbeit überlasten, die einem Freude macht und in der man sich wiederfindet. Aber wahrscheinlicher ist, dass fremdbestimmte Arbeit stärker an der Substanz zehrt.

Auch wenn man es nicht wahrhaben will, das Gehirn gibt einem körperliche Signale, wenn das Bewusstsein selbst nicht bereit ist, die Dissonanz zwischen Wollen und Handeln zu beseitigen. Die Liste solcher psychosomatischen Erkrankungen ist lang und bekannt, vom Kopfschmerz über Rückenschmerzen, Herz-, Magen- und Darmbeschwerden bis hin zum Zusammenbruch des Immunsystems sind alle Symptome und Erkrankungen möglich. Der Kopf sorgt dafür, dass der Mensch aus dem Kreislauf herausgenommen wird, der nicht zu seinen Lebensmustern passt.

Das 80/20-Prinzip bestimmt auch das Denken

Der Psychologieprofessor Howard Gardner, der mit seiner Theorie über die verschiedenen Arten der Intelligenz berühmt wurde, lenkt in seinem Buch «Changing Minds» das Augenmerk auf das von Richard Koch ausgearbeitete 80/20-Prinzip. Dem 80/20-Prinzip liegt die Entdeckung des italienischen Ökonomen Vilfredo Pareto zugrunde, dass sich in einer Gesellschaft Einkommen und Vermögen im Prinzip im Verhältnis von 80 zu 20 verteilen. 20 Prozent der Bundesbürger besitzen 80 Prozent des Vermögens.

Inzwischen weiß man, dass diese 80/20-Regel nicht nur in der Wirtschaft ihre Gültigkeit hat – ein Unternehmen macht 80 Prozent seines Umsatzes mit 20 Prozent seiner Kunden –, sondern überall, selbst in der Natur. Normalerweise reicht es, 20 Prozent zu ändern, um 80 Prozent der Wirkung zu erzeugen. Gardner legt nun nahe, dieses Prinzip auch auf das Denken anzuwenden. Ändern wir 20 Prozent unserer Denkmuster, so werden sich 80 Prozent unseres Lebens ändern. Natürlich taucht dann immer die Frage auf, welches die 20 Prozent sind, an denen wir arbeiten müssen.

Gardner empfiehlt sieben Ebenen, über die wir nachdenken sollten: Gründe, Informationsbeschaffung, Rückmeldung, Umdeutungen, Ressourcen und Belohnungen, Veränderungen der Umwelt sowie Widerstand.

1. Gründe

Wer sein eigenes Denken verändern oder das anderer beeinflussen möchte, sollte sich immer wieder bewusst machen, dass es für jeden Gedanken, der als richtig erachtet wird, de gibt. Diese Gründe teilen sich allerdings nach den -Prinzip in einen Kerngrund und sehr viel Bedeu- ungssoße auf. Um einen Wandel herbeiführen zu können, muss man zum Kern vorstoßen und herausfinden, warum man selbst oder jemand anders etwas ganz Bestimmtes will oder nicht will.

Einer der häufigsten Ablehnungsgründe ist das Muster: «Wer nichts ändert, macht auch nichts falsch». Rein vom Verstand her wird ein Mensch, der so denkt, sicherlich der These zustimmen «Nur im Wandel liegt die Kontinuität». Aber gefühlsmäßig möchte er doch lieber dort verharren, wo er ist. Eine Begründung, die nur auf reinen Fakten beruht und ausschließlich vernünftig ist, wird kaum ein Denkmuster verändern können. Jede Begründung muss auch die Gefühle ansprechen.

Die Formel für einen guten Grund, ein Denkmuster zu ändern, lautet: «Ich will es, ich weiß es nur noch nicht» beziehungsweise «Sie wollen es und wissen es nur noch nicht». Denken Sie darüber nach, warum Sie selbst es wollen sollten oder ein anderer es wollen sollte, und sammeln Sie dann Argumente, um die Bedeutungssoße der alten Muster abzutragen.

2. Informationsbeschaffung

Auch für die Informationen, die uns zur Verfügung stehen, gilt das 80/20-Prinzip. Nur 20 Prozent sind wirklich wichtig und 80 Prozent sind reiner Informationsballast, den man als Müll getrost entsorgen kann. Wer bestehende Muster unterstützen will, wird nur solche Informationen sammeln, die diese Muster bestätigen. Also sollte man sich oder auch andere in die genau gegenteilige Position versetzen und damit beginnen, stichhaltige Argumente für die Gegenposition zu sammeln.

Zunächst wird es sicherlich schwer fallen, sich genau in die Position einer gegenteiligen Meinung zu begeben, aber da der Mensch auf die erfolgreiche Lösung von Aufgaben programmiert ist und auch die Neigung hat, begonnene Aufgaben zu Ende zu bringen, wird man auch hier ganz allmählich einen gewissen Eifer an den Tag legen und immer mehr und immer bessere Argumente sammeln. So wird über den Weg der Informationsbeschaffung eine Veränderung der bestehenden Denkmuster eingeleitet.

3. Rückmeldung

Wenn Sie die Schritte «Ich will es, weiß es aber nur noch nicht» und die Beschaffung neuer Informationen beschritten haben, sollten Sie diese neue Position und die neuen Argumente an anderen Menschen erproben. Sie werden zunächst erstaunt sein, dass Sie in der Regel eine sehr positive Resonanz erhalten. Das ist aber gar nicht weiter verwunderlich, denn Sie haben sich ja Mühe gegeben, die besten Informationen und Argumente dafür zu sammeln, denn schließlich hatten Sie ja ursprünglich eine andere Position.

Wer ursprünglich körperlich träge war und sich jetzt entschieden hat, mit Jogging zu beginnen, wird feststellen, dass seine Argumente für das Jogging bei anderen Menschen auf fruchtbaren Boden fallen und er verbal und nonverbal Anerkennung für seine Argumente findet. Dadurch wird die begonnene Veränderung im Denkmuster emotional verstärkt, untermauert und gefestigt.

Wer beginnt, seine Denkmuster zu ändern, wird sich auch schon bald in einer anderen Gesellschaft wiederfinden beziehungsweise diese ganz gezielt aufsuchen, weil ein Mensch gar nicht genug vom positiven Feedback bekommen kann. Kein Wunder also, dass die meisten Veränderungen im Denkmuster nicht nur partiell, sondern in der Regel radikal erfolgen. Denn nur wenn man sich vom Saulus zum Paulus wandelt, bekommt man uneingeschränkt positive Rückmeldungen von anderen.

4. Umdeutungen

Eine weitere wirksame Methode, Denkmuster zu ändern, besteht darin, sie auf neue Weise zu deuten. Wer zum Beispiel weiß, dass Fremdenfeindlichkeit nicht etwa durch das hervorgerufen wird, was die Fremden tun, sondern aus der eigenen Angst heraus entsteht, wird die eigenen Muster und Signale in Gegenwart von Fremden neu deuten und durch bessere Muster ersetzen wollen.

5. Ressourcen und Belohnungen

Wer seine Denkmuster ändert, wird feststellen, dass ihm auf einmal völlig neue Mittel zur Verfügung stehen und ganz neue Belohnungen winken. Er kann aber auch genau den umgekehrten Weg gehen, um die Denkmuster zu beeinflussen. Er verschafft sich neue Ressourcen und stellt sich neue Belohnungen in Aussicht.

Wenn jemand seine Ernährungsgewohnheiten ändern will, reicht es nicht, nur weniger vom selben zu essen, sondern er muss am besten seinen Speiseplan generell umstellen. Andere Lebensmittel bieten neue Geschmackserlebnisse, was ebenso als Belohnung verstanden werden sollte wie die Anerkennung durch andere Menschen, wenn man in eine kleinere Konfektionsgröße passt.

6. Veränderungen der Umwelt

Bestimmte äußere Ereignisse können die Denkmuster einzelner Menschen oder gar einer ganzen Nation radikal verändern. Howard Gardner ist der Überzeugung, dass das Attentat auf das World Trade Center am 11. September 2001 nicht nur das Denken des amerikanischen Präsidenten, sondern der gesamten Nation innerhalb kürzester Zeit vollkommen umgekrempelt hat. Plötzlich sah man sich in einer Welt voller Bedrohungen, auf die man zu reagieren hatte. Der Terror und seine Bekämpfung wurden zu einem zentralen Thema der Politik.

Aber es sind nicht immer Terror und Krieg notwendig, um das Denken einzelner Menschen oder ganzer Gruppen schlagartig zu verändern. Wichtig ist in erster Linie, wie äußere Ereignisse verarbeitet werden und welchen Niederschlag sie in den Gedankenmustern finden. Der Verlust naher Verwandter oder die Trennung von einem Partner können für einen einzelnen Menschen ganz ähnliche Folgen haben. Selbst der Verlust des Arbeitsplatzes wird oft ähnlich stark erlebt wie der Tod eines nahe stehenden Menschen.

Aber es ist schließlich nicht nur so, dass wir jetzt auf Ereignisse warten müssten, die in unser Leben eingreifen. Wir können auch selbst Ereignisse anstoßen. Der Kabarettist Hanns-Dieter Hüsch schildert viele solcher Veränderungen in seinen Geschichten «Hagenbuch hat jetzt zugegeben, dass …». Man kann seine Kinder auf eine andere Schule schicken oder man kann sich neue Möbel für die Wohnung kaufen. Man kann seinen Fernseher oder sein Auto verschenken. Jede dieser Veränderungen wird neue Denkmuster und eine neue Sicht der Welt erzeugen.

7. Widerstand

Howard Gardner weist darauf hin, dass es in den ersten Lebensjahren eines Menschen leicht ist, seine Denkmuster zu beeinflussen, und dass es später immer schwieriger wird, weil sich mit zunehmendem Alter bestimmte Muster verfestigen.

Diese Widerstände werden am leichtesten dadurch überwunden, dass möglichst auf allen sechs Ebenen Veränderungen einsetzen. Dabei reicht es, sich auf die wichtigsten 20 Prozent zu konzentrieren.

Hierbei kann oft das so genannte Mind Mapping helfen. Möchten Sie mehr Zeit für die Dinge finden, die Ihnen in einem neuen Muster wichtig erscheinen, so sollten Sie sich auf einem Stück Papier deutlich machen, wofür Sie bisher am meisten Zeit investiert haben. Verbrachten Sie bisher den größten Teil der Zeit vor dem Fernseher, schreiben Sie also «Fernsehen» hin.

Dann ziehen Sie Linien zu dem, was Sie sich im Fernsehen angeschaut haben, und bewerten dies nach «Wichtig» und «Unwichtig».

Plötzlich werden Sie feststellen, dass der größte Teil eigentlich völlig unwichtig war. Wenn Sie sich jetzt entschließen, nur noch die wichtigen Sendungen aufzuzeichnen und sie zeitversetzt anzuschauen, werden Sie noch einmal feststellen, dass vieles, was Ihnen heute im Fernsehen wichtig erschien, innerhalb weniger Tage schon überholt und damit unwichtig geworden ist.

So gewinnen Sie nach und nach immer mehr freie Zeit für die Dinge, die Ihnen wirklich wichtig sind.

Veränderungen laufen in der Regel in sechs Phasen ab:

1. In der ersten Phase ist man mit seiner Situation noch zufrieden; Störungen im Denkmuster werden beiseite gedrängt.
2. In der zweiten Phase entsteht Unzufriedenheit mit den bestehenden Denkmustern, aber man fürchtet sich vor dem Neuen.
3. In der dritten Phase beginnt man sich mit den sieben Ebenen Gardners zu befassen.
4. Erst in der vierten Phase beginnen die Veränderungen Wirkung zu zeigen. Oft dauert es mehr als ein halbes Jahr, dass man noch zwischen den verschiedenen Denkmustern hin- und herpendelt.
5. Erst dann beginnen sich die neuen Denkmuster allmählich zu stabilisieren. Diese fünfte Stabilisierungsphase kann bis zu fünf Jahre dauern, bevor das Verhalten ganz automatisch durch die neuen Denkmuster gesteuert wird.
6. Erst danach, in der sechsten Phase, ist die Veränderung erreicht, und es gibt keinen Weg zurück, sondern nur nach vorn. Vielleicht tun sich aber dann schon wieder neue Veränderungen auf.

Richtig entscheiden lernen

Dass Denkmuster, die darauf abzielen, Entscheidungen zu vermeiden oder aber sich aufgrund falscher Vorgaben oder Werte falsch zu entscheiden, ein Problem darstellen, haben wir ja bereits ausführlich erörtert. Doch wie kommt man zu den richtigen Entscheidungen?

Diese Frage beschäftigt schon seit langer Zeit nicht nur die Sozialwissenschaftler, sondern auch die Wirtschaftswissenschaftler. Schließlich ist das Risiko in der modernen vernetzten Finanzwelt, durch falsche Entscheidungen Millionen zu verlieren, ebenso gewachsen wie die Chance, innerhalb von Sekunden Millionen zu verdienen.

Der amerikanische Sozialwissenschaftler Gary Klein hat über mehr als 20 Jahre Entscheidungsfindungsprozesse überall auf der Welt erforscht. Seine Kunden sind nicht nur große Konzerne, sondern auch die Streitkräfte verschiedener Länder und natürlich Ärzte, Sanitäter und Feuerwehrleute. Sie alle kommen durch ihren Beruf immer wieder in die Situation, schnell richtig entscheiden zu müssen. Und genau deshalb hat Gary Klein auch bei den Feuerwehrleuten mit seinen Forschungsarbeiten begonnen.

Zu seiner Verblüffung erklärten ihm aber die Einsatzleiter, dass sie nie eine Entscheidung treffen würden. Was sie damit meinten, war, dass sie niemals die so genannte Rational Choice Strategy, also die Strategie rationaler Entscheidungen, anwendeten.

Rational zu entscheiden, heißt erstens die vorhandenen Optionen zu identifizieren. Muss ich mich nur zwischen Äpfel und Birnen entscheiden, oder gibt es noch mehr Möglichkeiten?

Zweitens, ich muss die verschiedenen Optionen beurteilen und deshalb nach entsprechenden Kriterien suchen. Geht es bei der Frage Äpfel oder Birnen nach dem Geschmack, der Größe oder dem Reifegrad?

Drittens, wie stehen diese verschiedenen Beurteilungsdimensionen in Beziehung zueinander? Wenn ich Geschmack, Größe und Reifegrad zur Auswahl habe, wird der Reifegrad sicherlich vorrangig sein. Sind beide Obststücke gleich reif, muss ich mich entscheiden, ob ich dem Geschmack oder der Größe den Vorzug gebe. Schmeckt mir beides gleich gut, wird letzten Endes die Größe den Ausschlag geben, in Abhängigkeit vom Hungergefühl.

Viertens, entsprechend dem oben genannten Schema läuft jetzt das Beurteilungsverfahren ab.

Fünftens, nachdem das Beurteilungsverfahren abgeschlossen ist, komme ich zum Ergebnis und wähle aus.

Diese Strategie rationaler Entscheidung hört sich sehr vernünftig an. Aber sie ist leider nur ein akademisches Modell. Die Realität sieht anders aus. In verschiedenen Tests wurden Studenten befragt, welche Seminare und Vorlesungen sie im kommenden Semester belegen wollten. Einige Zeit später wurden sie dann mit der Rational Choice Strategy vertraut gemacht und gebeten, die möglichen zu belegenden Veranstaltungen mit Hilfe dieser Methode in den verschiedenen Schritten zu beurteilen.

Erstaunlicherweise deckten sich die Ergebnisse weitgehend mit den Wunschseminaren und -vorlesungen der jeweiligen Studenten. Bei der Überprüfung der Testbögen stellte sich heraus, dass die Beurteilungsdimensionen in der Mehrzahl der Fälle so gewählt worden waren, dass sie zum gewünschten Ergebnis führten. Die Rational Choice Strategy war also nichts weiter als eine Bedeutungssoße, die über eine bereits vorgefasste Entscheidung gegossen wurde. Kein Wunder also, dass Feuerwehrleute diese Methode nicht anwenden. Denn erstens dauert sie zu lange, und zweitens wissen Feuerwehrleute genau, was sie tun müssen, und können sich die Bedeutungssoße sparen.

Die Frage, der Gary Klein jetzt nachging, war: Woher wissen sie das? Wenn es darum geht, einen Brand zu löschen und die damit verbundenen Gefahren zu erkennen, dann spielt für Feuerwehrleute die Erfahrung die größte Rolle. Sie vergleichen die bestehende Situation mit anderen, die erfolgreich bewältigt wurden, und greifen auf die dort verwendeten Handlungsmuster zurück. Gleichzeitig prüfen sie die Situation auch hinsichtlich bestimmter Abweichungen von der bereits vertrauten Situation.

Dabei wenden sie unbewusst die 80/20-Methode an, indem sie sich auf die wichtigsten Probleme konzentrieren und nicht versuchen, alles gleichzeitig zu lösen. Durch die Kombination von Erfahrung und Wissen sind sie in der Lage, bestimmte Risikofaktoren intuitiv zu erkennen und darauf zu reagieren. So weit zu Feuerwehrleuten und anderen Berufen, die in lebensgefährlichen Situationen schnelle Entscheidungen treffen müssen. Aber nicht jeder ist schließlich ein Feuerwehrmann, sondern kann sich bei der Entscheidungsfindung ruhig etwas mehr Zeit lassen.

Wenn gute Leute dann trotzdem schlechte Entscheidungen treffen, sieht Gary Klein die Ursache hauptsächlich bei

Voreingenommenheiten, unzulänglichem Wissen und mangelnder Erfahrung. Die Intuition als Fähigkeit, Muster zu erkennen, das Gesamtbild zu sehen und Situationsbewusstsein zu entwickeln, spielt für ihn durchaus eine große Rolle. Letzten Endes kommt es darauf an,

das Typische an einer Situation zu erkennen,
typische Ziele beurteilen zu können,
typische Handlungsweisen zu erkennen,
die Lösbarkeit eines Problems zu beurteilen,
Anomalien zu erkennen,
die Dringlichkeit eines Problems zu beurteilen,
Chancen oder Möglichkeiten zu entdecken,
feine Unterscheidungen zu treffen,
Diskrepanzen in einem Aktionsplan zu erkennen und
mögliche Barrieren zu entdecken, die die Durchführung
eines Aktionsplans behindern.

All dies mag recht abstrakt klingen. Wer es praktischer möchte, dem sei das Buch «Die Kunst der richtigen Entscheidung» von Eva Christiane Wetterer empfohlen. Sie hat in einer bunten Mischung 40 verschiedene Entscheidungsmethoden zusammengestellt, die sowohl auf eine sorgfältige Analyse als auch auf den Gebrauch der Intuition abzielen. Neben die Kreativität beflügelnden Verfahrensweisen stehen auch jahrtausendealte Orakelmethoden.

Wofür sich der Leser entscheidet, bleibt ihm selbst überlassen. Grundsätzlich kann jede der Methoden zum Erfolg führen, denn ob Orakel oder Systematik, letzten Endes werden in beiden Fällen die eigenen unbewussten Denkmuster angeregt, Lösungsvorschläge zu unterbreiten.

Religiöse Erlebnisse verändern die Muster im Kopf

Die Frage, warum einige Menschen so starke religiöse Überzeugungen besitzen, dass sie selbst schwierigste Lebenssituationen meistern können, und andere Menschen nicht, hat die Sozialwissenschaftler, Psychologen und Hirnforscher schon immer fasziniert. Lange Zeit schienen nur die Theologen für diese Fragen plausible Antworten und konkrete Lösungen bereitzuhalten.

Doch die Hirnforschung scheint durch die Arbeit mit Epilepsiekranken und durch den Einsatz bildgebender Verfahren zumindest Teilaspekte des religiösen Erlebens gelüftet zu haben. Der amerikanische Molekularbiologe Dean Hamer ist der Überzeugung, ein Gen gefunden zu haben, das bestimmte Hirnbotenstoffe steuert, die die Fähigkeit des Gehirns beeinflussen, verschiedene Ebenen und Formen des Bewusstseins zu entwickeln.

Da bestimmte Abschnitte dieses Gens bei verschiedenen Menschen unterschiedlich sind, müssten sie auch zu unterschiedlichen Ausprägungen des spirituellen Erlebens führen. So ließe sich eine unterschiedliche Ausprägung der Neigung zur Transzendenz erklären. Es handelt sich also um die Disposition zum religiösen Erleben, aber keineswegs um die Disposition für bestimmte religiöse Inhalte. Dieser genetische Aspekt wurde durch Ergebnisse der Zwillingsforschung sowohl in Amerika als auch in Großbritannien untermauert.

Eineiige Zwillinge sind sich in ihrer Stärke und Ausprägung des religiösen Glaubens deutlich ähnlicher als zweieiige. Zwar wird die Religiosität in der Jugend vorwiegend durch die Umwelt geprägt, also hauptsächlich durch die religiösen Ansichten und Praktiken der Eltern, aber im Zuge des Erwachsenwerdens zeigt sich, dass das religiöse Empfinden bei eineiigen Zwillingspaaren deutlich identischer ist als bei zweieiigen. Daraus schließen die Forscher, dass die Erbanlagen stärker sind als die Umwelteinflüsse. Das ist aber nur ein Aspekt des religiösen Erlebens.

Man weiß heute, dass es im Gehirn ganz bestimmte Areale gibt, die bei der Meditation stärker durchblutet werden oder deutlich weniger stark aktiv sind. Das ließ sich sowohl bei buddhistischen Mönchen als auch bei Franziskanernonnen nachweisen. Es kommt also nicht darauf an, was oder woran der Mensch glaubt. Entsprechend der Aktivität dieser Hirnareale wurden sowohl die Sinneseindrücke beeinflusst als auch das Gefühl für die eigene Person in Bezug zu Raum und Zeit.

Auch hier ließ sich eine Wechselwirkung nachweisen. Das spirituelle Erleben hat Einfluss auf die Hirnaktivitäten und umgekehrt. Mit Hilfe bestimmter Magnetstimulationen ließen sich auch bei Menschen, die nicht religiös fühlen, transzendente Erlebnisse erzeugen. Inzwischen gibt es mit dem Fachbereich der Neurotheologie eine eigene Wissenschaftssparte, die sich mit der Verbindung von Hirnforschung und Theologie befasst.

Aber man muss bei all diesen Ergebnissen vorsichtig sein. Denn schließlich handelt es sich bei allem, was Gen- und Hirnforschung entdecken, nur um Bereiche des Erlebens und Fühlens. Die Frage ist aber: «Existiert Glaube nur dann, wenn man etwas Spezielles erlebt und fühlt, und muss es sich um so extreme Erlebnisse wie Auflösung von Raum und Zeit handeln oder gar um die Wahrnehmung von Erscheinungen? Oder kann es sich vielleicht auch einfach nur um Gedankenmuster handeln, die den Menschen und seine Selbstwahrnehmung in einen größeren Zusammenhang stellen und seine Wertemuster beeinflussen?»

Wahrscheinlich wird man hier in Zukunft noch weitaus mehr differenzieren müssen. Von ekstatischen Erlebnissen und Trance in Naturreligionen und Schamanismus über Meditation im Buddhismus und Christentum bis hin zu festen Wertemustern, wie sie sich zum Beispiel in den Amish-Gemeinden finden, ist es ein weiter Weg. Amerikanische Forscher wollen nachgewiesen haben, dass zwar Meditation an sich für Entspannung und Wohlbefinden sorgt, dass aber die Beschäftigung mit Gott während der Meditation noch weitaus größere Wirkung hat.

Für Menschen, die aus ihren Denkgewohnheiten ausbrechen wollen, kann eine Beschäftigung mit religiösen Inhalten und eine religiöse Praxis also durchaus Wirkung zeigen. Eine zwingende Entscheidung für die eine oder andere Form des Glaubens gibt es allerdings aus neurowissenschaftlicher Sicht nicht.

Insofern sind auch die Erfolge spiritueller Lehrer, wie zum Beispiel Eckhart Tolle, zu erklären. Der heute in Kanada lebende Dortmunder schaffte es nach einer tief greifenden spirituellen Erfahrung, immer mehr Menschen mit seinen Vorlesungen in Bann zu schlagen. Seine Botschaften sind einfach, und seine charismatische Ausstrahlung beruht ganz offensichtlich darauf, dass er scheinbar über gar kein Charisma verfügt.

Ganz offensichtlich spielt das Erleben einer spirituellen Situation, die Gemeinschaft mit anderen, eine zentrale Rolle bei der Ausprägung neuer und der Veränderung alter Denkmuster. Sicherlich haben auch hierbei die Spiegelneuronen wieder ihre Hand im Spiel. Die Entscheidung, sich in die Gemeinschaft anderer Menschen zu begeben, mit ihnen gemeinsam zu handeln, dürfte in den meisten Fällen der erste Schritt sein, Gedankenmuster zu ändern. Ob man sich jetzt für ein japanisches Zen-Kloster oder den Katholischen Weltjugendtag entscheidet, bleibt dem Einzelnen überlassen.

Zusammenfassung: Mentale Kräfte mobilisieren

Viele Menschen reden davon, dass sie am liebsten in ihrem Leben etwas ganz anderes tun wollen, als sie es jetzt tun, aber ändern tun sie nichts. Dieses Phänomen ist typisch für die Deutschen, denn Deutschland leidet an Neophobie, der Angst vor dem Neuen. Einerseits hat das menschliche Gehirn von Natur aus zwar einen unersättlichen Hunger auf Neues, andererseits sind aber die kollektiven Muster in den Köpfen mehrheitlich so angelegt, dass sie sich gegen jede Veränderung wehren.

Psychologen haben inzwischen festgestellt, dass ein Ende der Persönlichkeitsentwicklung erst um das 50. Lebensjahr eintritt. Die Hirnforscher gehen sogar noch einen Schritt weiter, ihrer Ansicht nach kann das Gehirn tatsächlich wie ein Muskel ein Leben lang trainiert werden. Also kann ein Mensch sich sein Leben lang ändern. Aber die meisten Menschen ändern sich gar nicht, sondern sie werden nur immer mehr sie selbst.

Neue Gedankenmuster verändern das Leben. Dabei darf man die äußeren Einwirkungen auf die Denkmuster eines Menschen nicht unterschätzen, vor allem bei der Wahl des Lebenspartners und auch der Berufswahl. Den größten Einfluss auf die Berufswahl haben bei Jugendlichen die so genannten Peer Groups, der Freundeskreis. Man möchte eben dazugehören und tut deshalb das, was alle machen. Kein

Wunder also, dass viele Menschen nach Abschluss der ersten Berufsausbildung und vielleicht noch einigen Berufsjahren sich die Frage stellen, ob sie tatsächlich das im Leben tun, was sie von ihren Fähigkeiten her wirklich tun wollten.

Vieles von dem, was wir denken, entspringt nur einer Gewohnheit. Gewohnheiten entspringen einerseits bestimmten Mustern, aber sie geben ihnen auch Form. Dadurch verfestigen sie sich immer mehr. Eine schlechte Gewohnheit besteht zum Beispiel darin, Entscheidungen, die sicherlich wichtig sind, aber nicht dringend, aufzuschieben. Jedes Denkmuster kennt viele gute Gründe, sich nicht oder zumindest noch nicht für etwas Neues entscheiden zu müssen.

Viele Menschen führen deshalb ihr eigentliches Leben in der Freizeit. Sie spalten ihr Leben auf in den Erwerb des Lebensunterhalts ohne große Freude und in ihr wirkliches Leben, Hobby und Freizeit. Im Extremfall können sie so zu einer doppelten Persönlichkeit werden. Manche halten diese Persönlichkeitsspaltung ein Leben lang aus, andere nicht.

Der Psychologieprofessor Howard Gardner geht davon aus, dass das 80/20-Prinzip, das bisher hauptsächlich auf die Wirtschaft bezogen wurde, auch für das Denken gilt. Ändern wir 20 Prozent unserer Denkmuster, so werden sich 80 Prozent unseres Lebens ändern. Natürlich taucht dann die Frage auf, welches die 20 Prozent sind, an denen wir arbeiten müssen.

Gardner empfiehlt sieben Ebenen, über die wir nachdenken sollten: Gründe, Informationsbeschaffung, Rückmeldung, Umdeutungen, Ressourcen und Belohnungen, Veränderungen der Umwelt sowie Widerstand. Die Formel für einen guten Grund, ein Denkmuster zu ändern, lautet:

«Ich will es. Ich weiß es nur noch nicht». Denken Sie darüber nach, warum Sie selbst es wollen sollten, und sammeln Sie dann Argumente, um die Bedeutungssoße der alten Muster abzutragen.

Wer bestehende Muster unterstützen will, wird nur solche Informationen sammeln, die diese bestätigen. Also sollte man sich in die genau gegenteilige Position versetzen und stichhaltige Argumente für die Gegenposition sammeln. So wird über den Weg der Informationsbeschaffung eine Veränderung der bestehenden Denkmuster eingeleitet. Danach sollten Sie diese neue Position und die neuen Argumente an anderen Menschen erproben.

Eine weitere wirksame Methode, Denkmuster zu ändern, besteht darin, sie auf neue Weise zu deuten. Wer seine Denkmuster ändert, wird feststellen, dass ihm auf einmal völlig neue Mittel zur Verfügung stehen und ganz neue Belohnungen winken. Bestimmte äußere Ereignisse können die Denkmuster einzelner Menschen oder gar einer ganzen Nation radikal verändern. Wichtig ist in erster Linie, wie solche äußeren Ereignisse verarbeitet werden und welchen Niederschlag sie in den Gedankenmustern finden.

In den ersten Lebensjahren eines Menschen ist es leicht, seine Denkmuster zu beeinflussen, später wird es immer schwieriger, weil sich mit zunehmendem Alter bestimmte Muster verfestigen. Diese Widerstände werden am leichtesten dadurch überwunden, dass möglichst auf allen Ebenen Veränderungen einsetzen. Dabei reicht es, sich auf die wichtigsten 20 Prozent zu konzentrieren.

Veränderungen laufen in der Regel in sechs Phasen ab:

In der ersten Phase ist man mit seiner Situation noch zufrieden und Störungen im Denkmuster werden beiseite gedrängt. In der zweiten Phase entsteht Unzufriedenheit mit den bestehenden Denkmustern, aber man fürchtet sich vor dem Neuen. In der dritten Phase beginnt man sich mit den sieben Ebenen Gardners zu befassen. Erst in der vierten Phase beginnen die Veränderungen Wirkung zu zeigen. Danach folgt die fünfte Phase mit einer allmählichen Stabilisierung, in der das Verhalten ganz automatisch durch die neuen Denkmuster gesteuert wird. Erst danach, in der sechsten Phase, ist die Veränderung erreicht, und es gibt keinen Weg zurück, sondern nur nach vorn.

Rational zu entscheiden, heißt die vorhandenen Optionen zu identifizieren, die verschiedenen Optionen zu beurteilen und die Beurteilungsdimensionen in Beziehung zueinander zu stellen. Die Strategie rationaler Entscheidung ist aber leider nur ein akademisches Modell. Die Realität sieht anders aus.

Wenn gute Leute schlechte Entscheidungen treffen, liegt das an Voreingenommenheiten, unzulänglichem Wissen und mangelnder Erfahrung.

Bei guten Entscheidungen kommt es darauf an, das Typische an einer Situation zu erkennen, typische Ziele beurteilen zu können, typische Handlungsweisen zu erkennen, die Lösbarkeit eines Problems zu beurteilen, Anomalien zu erkennen, die Dringlichkeit eines Problems zu beurteilen, Chancen oder Möglichkeiten zu entdecken, feine Unterscheidungen zu treffen, Diskrepanzen in einem Aktionsplan zu erkennen und mögliche Barrieren zu entdecken, die die Durchführung eines Aktionsplans behindern.

Es gibt eine Disposition zum religiösen Erleben, aber keine Disposition für bestimmte religiöse Inhalte.

Entsprechend der Aktivität bestimmter Hirnareale werden sowohl die Sinneseindrücke beeinflusst als auch das Gefühl für die eigene Person in Bezug zu Raum und Zeit.

Ganz offensichtlich spielt das Erleben einer spirituellen Situation, die Gemeinschaft mit anderen, eine zentrale Rolle bei der Ausprägung neuer und der Veränderung alter Denkmuster.

Epilog – Neue Ansätze, das Denken zu fördern und zu verändern

Keine andere Wissenschaftsdisziplin hat heute einen so großen Einfluss wie die Neurowissenschaften. Sie werden Wirtschaft und Gesellschaft stärker verändern, als es die Genforschung in Biologie und Medizin bisher getan hat. Wir stehen am Anfang einer Neurorevolution, allerdings ohne dass dies ein großer Teil der Menschen bisher bemerkt hat.

Einen der neuen Bereiche der Hirnforschung bilden die Neuropädagogik und die Neurodidaktik. Sie haben zum Ziel, auf der Grundlage neurowissenschaftlicher Erkenntnisse das Lernen bei Kindern, aber auch bei Erwachsenen zu verbessern. Die Entwicklung ist rasant, denn offensichtlich spürt man in Deutschland, dass hier ein Nachholbedarf besteht. So wurde auf Initiative von Professor Manfred Spitzer in Ulm das Transferzentrum für Neurowissenschaft und Lernen gegründet.

Es ist zwar keine neue Erkenntnis, dass das Lernen in frühester Kindheit beginnt und dass in dieser Zeit die grundlegenden Muster angelegt werden, die über spätere Lernerfolge, den Umgang mit und den Einsatz von Wissen entscheiden, aber es fehlten Beweise dafür, wie erfolgreiches Lernen tatsächlich vonstatten geht. Hier kann man jetzt auf die Hirnforschung zurückgreifen. Indem Lernen stärker mit Emotionen verknüpft wird, steigt der Lernerfolg messbar an. Wer schon als kleines Kind Glücksgefühle erlebte, weil er lernte, wird später nicht mehr darauf verzichten wollen.

Überall werden Änderungen stattfinden müssen. Aus Kindertagesstätten als Aufbewahrungseinrichtungen müssen Anregungs- und Lernstätten werden. Eine möglichst individuelle Förderung erscheint immer wichtiger. Während die Neurodidaktik ihren Schwerpunkt in einer hirngerechten Wissensvermittlung hat, verfolgt die Neuropädagogik ganzheitliche Erziehungsaspekte.

Eine Erkenntnis der Neurodidaktik ist, dass Fakten und Einzelheiten viel besser gespeichert werden, wenn sie in Form von Geschichten erzählt werden. Es ist eben einfach nicht möglich, die Sachebene von der Beziehungsebene zu trennen. Insofern ist es auch nicht verwunderlich, dass das so genannte Storytelling, also das Einkleiden von Botschaften in Geschichten, auch als ein Instrument der Mitarbeiterführung in Unternehmen eine immer größere Bedeutung erfährt.

Insgesamt tun sich im Bereich der Neuroökonomie unzählige neue Betätigungsfelder für die Hirnforschung auf. Im Neuromanagement sucht man nach besseren Möglichkeiten, die Mitarbeiter zu führen und zu motivieren. Wenn Schüler und Studenten hirngerecht lernen, wollen sie auch später im Beruf hirngerecht arbeiten. Das stellt natürlich das traditionelle Management vor große Herausforderungen, weil das Neuromanagement tiefgreifende Veränderungen erfordert und alte Denkmuster aufgegeben werden müssen.

Arbeiten in der Wissensgesellschaft bedeutet nämlich nicht mehr, nur noch monoton einen einzigen Handgriff auszuführen, sondern in allererster Linie, kreativ und vernetzt zu denken. Das wird durch die vorherrschenden

Strukturen jedoch eher verhindert als gefördert. Unternehmen müssen als komplexe, nichtlineare, dynamische Systeme begriffen werden, in denen Versuch und Irrtum einen weitaus größeren Raum erhalten, als es heute der Fall ist.

Durch die neue Disziplin des Neuromarketings wird das Verhältnis zwischen Produzent, Handel und Verbraucher auf eine völlig neue Basis gestellt. Schon heute arbeiten erste Unternehmen mit so genannten Brain-Branding-Methoden, die einen größeren Kommunikationserfolg und damit einen besseren Absatz von Produkten erzeugen sollen. Allerdings gibt es auch schon Verbraucherorganisationen, die sich gegen diese Form der Beeinflussung wehren. Da weltweit aber 500 Milliarden US-Dollar für Werbung ausgegeben werden und davon 85 Prozent ihr Ziel nicht erreichen, werden sich mit wachsender Sicherheit der Neuromarketingmethoden auch immer mehr Unternehmen für ihren Einsatz entschließen.

Einen vollkommen neuen Bereich erschließt das so genannte Neuro-Enhancement. Darunter versteht man Maßnahmen zur gezielten Verbesserung geistiger Fähigkeiten oder psychischer Befindlichkeiten bei gesunden Menschen. Um Krankheiten wie Gedächtnisschwund, Aufmerksamkeitsstörungen und Depressionen behandeln zu können, wurden in den vergangenen Jahren und Jahrzehnten immer neue und bessere pharmakologische und nichtpharmakologische Methoden entwickelt, um in die Gehirnfunktionen eingreifen zu können.

Heute steht man an der Schwelle, diese Methoden auch auf Gesunde anzuwenden. Studenten sollen ihre Lernfähigkeit steigern können und im Examensstress besser bestehen. Aber auch Führungskräfte und ihre Mitarbeiter können durch Neuro-Enhancement schon bald ihre Leistungen verbessern. Ob dies wirklich erstrebenswert ist und welche gesellschaftlichen Veränderungen damit verbunden sind, wird noch ausgiebig diskutiert werden müssen. Letzten Endes geht es nicht nur um die Leistung, sondern um die Veränderung im gesellschaftlichen Wertesystem.

Nicht zuletzt ist auch der Trend zur Selfness, der den Wellness-Trend in der Gesellschaft bereits abzulösen beginnt, auf neurowissenschaftliche Erkenntnisse zurückzuführen. Selfness wird als die neue Selbstverantwortungsbewegung definiert, bei der es letzten Endes um die Mobilisierung vorhandener, aber eingeschlafener Kräfte geht. Es geht nicht darum, sich egoistisch zu verhalten, sondern sich selbst und seine eigenen Stärken, Wünsche und Werte zu erkennen. Nicht Selbstverwirklichung, sondern Selbstwirksamkeit ist hier das Schlagwort.

Eigenverantwortung auf der Basis persönlicher Werte und Einstellungen ist gefragt. Wer den Massen folgt, soll dies aus freiem Willen tun oder aber auch seinen eigenen Weg gehen können. Die Wissensgesellschaft und die Globalisierung haben dafür die ökonomischen Grundsteine gelegt, die Neurowissenschaften helfen jetzt dem Einzelnen auf die Sprünge. Wenn wir wissen, wie unser Denken funktioniert, können wir auch entscheiden, ob wir weiterhin so denken wollen wie bisher. Die Selfness-Bewegung wird die Suche nach dem Glück durch die Suche nach dem Sinn ersetzen.

Literatur

Asendorpf, Jens B.: Psychologie der Persönlichkeit. Grundlagen, Berlin 2004

Barabási, Albert-László: Linked. How Everything Is Connected to Everything Else and What It Means for Business, Science, and Everyday Life, London 2003

Bauer, Joachim: Das Gedächtnis des Körpers. Wie Beziehungen und Lebensstile unsere Gene steuern, München 2005

Beck, Ulrich: Gegengifte. Die organisierte Unverantwortlichkeit, Frankfurt/Main 1988

Beck-Bornholdt, Hans-Peter/Dubben, Hans-Hermann: Der Hund, der Eier legt. Erkennen von Fehlinformationen durch Querdenken, Reinbek 2002

Dies.: Der Schein der Weisen. Irrtümer und Fehlurteile im täglichen Denken, Reinbek 2003

Becker, A. u.a. (Hrsg.): Gene, Meme und Gehirne. Geist und Gesellschaft als Natur. Eine Debatte, Frankfurt/Main 2003

Berger, Peter L./Luckmann, Thomas: Die gesellschaftliche Konstruktion der Wirklichkeit. Eine Theorie der Wissenssoziologie, Frankfurt/Main 1971

Blackmore, Susan: Die Macht der Meme, oder Die Evolution von Kultur und Geist, Heidelberg/Berlin 2000

Bourdieu, Pierre: Die feinen Unterschiede. Kritik der gesellschaftlichen Urteilskraft, Frankfurt 1987

Brockman, John (Hrsg.): Die nächsten fünfzig Jahre. Wie die Wissenschaft unser Leben verändert, München 2002

Buchanan, Mark: Das Sandkorn, das die Erde zum Beben bringt. Dem Gesetz der Katastrophen auf der Spur oder warum die Welt einfacher ist, als wir denken, Frankfurt/Main 2001

Ders.: Small Worlds. Das Universum ist zu klein für Zufälle. Spannende Einblicke in die Komplexitäts-Theorie, Frankfurt/Main 2002

Buckingham, Marcus / Clifton, Donald O.: Entdecken Sie Ihre Stärken jetzt! Das Gallup-Prinzip für individuelle Entwicklung und erfolgreiche Führung, Frankfurt/Main 2002

Buckingham, Marcus / Coffmann, Curt: Erfolgreiche Führung gegen alle Regeln. Wie Sie wertvolle Mitarbeiter gewinnen, halten und fördern, Frankfurt/Main 2001

Calvin, William H.: Wie der Schamane den Mond stahl. Auf der Suche nach dem Wissen der Steinzeit, München 1996.

Ders.: Die Sprache des Gehirns. Wie in unserem Bewußtsein Gedanken entstehen, München 2000

Chen, Chao-Hsiu: Lächelnde List. 3 × 36 Erfolgs-Strategeme aus dem alten China, Kreuzlingen 2001

Crick, Francis: Was die Seele wirklich ist. Die naturwissenschaftliche Erforschung des Bewußtseins, Reinbek 1997

Damasio, Antonio R.: Descartes' Irrtum, München 1997

Ders.: Ich fühle, also bin ich. Die Entschlüsselung des Bewusstseins, München 2002

Ders.: Der Spinoza-Effekt, München 2003

Dawkins, Richard: Das egoistische Gen, Heidelberg 1994

Degen, Rolf: Lexikon der Psycho-Irrtümer. Warum der

Mensch sich nicht therapieren, erziehen und beeinflussen lässt, München 2002
Diamond, Jared: Arm und Reich. Die Schicksale menschlicher Gesel lschaften, Frankfurt 1999
Dörner, Dietrich: Die Logik des Mißlingens. Strategisches Denken in komplexen Situationen, Reinbek 1993
Ders.: Bauplan für eine Seele, Reinbek 1999
Dunn, Judy/Plomin, Robert: Warum Geschwister so verschieden sind, Stuttgart 1996
Edelman, Gerald M./Tononi, Giulio: Gehirn und Geist. Wie aus Materie Bewusstsein entsteht, München 2002
Frankl, Viktor E.: Der Mensch auf der Suche nach Sinn. Zur Rehumanisierung der Psychotherapie, Freiburg 1973
Ders.: Der Wille zum Sinn. Ausgewählte Vorträge über Logotherapie, München 1991
Ders.: Was nicht in meinen Büchern steht. Lebenserinnerungen, Weinheim 2002
Ders.: Ärztliche Seelsorge. Grundlagen der Logotherapie und Existenzanalyse. Zehn Thesen über die Person, Wien 2005
Friedman, David: Der ökonomische Code. Wie wirtschaftliches Denken unser Handeln bestimmt, München 2001
Fuchs, Helmut/Huber, Andreas: Die 16 Lebensmotive. Was uns wirklich antreibt, München 2002
Gardner, Howard: Changing Minds. The Art and Science of Changing Our Own and Other People's Minds, Boston/Massachusetts 2004
Gebhardt, Miriam: Sünde, Seele, Sex. Das Jahrhundert der Psychologie, Stuttgart 2002
Giddens, Anthony: Soziologie, Graz 1999

Gigerenzer, Gerd: Adaptive Thinking. Rationality in the Real World, New York 2002

Gigerenzer, Gerd/Selten, Reinhard: Bounded Rationality. The Adaptive Toolbox, Cambridge/Massachusetts 2002

Gigerenzer, Gerd u. a.: Simple Heuristics That Make Us Smart, New York 2001

Gilovich, Thomas u. a.: Heuristics and Biases. The Psychology of Intuitive Judgement, New York 2002

Gladwell, Malcolm: Der Tipping Point. Wie kleine Dinge Großes bewirken können, Berlin 2000

Ders.: Blink! Die Macht des Moments, Frankfurt 2005

Goleman, Daniel: Emotionale Intelligenz, München 1997

Goldberg, Elkhonon: Die Regie im Gehirn. Wo wir Pläne schmieden und Entscheidungen treffen, Kirchzarten 2002

Grof, Stanislav: Die Abenteuer der Selbstentdeckung. Heilung durch veränderte Bewusstseinszustände, Reinbek 2001

Hartmann, Michael: Der Mythos von den Leistungseliten. Spitzenkarrieren und soziale Herkunft in Wirtschaft, Politik, Justiz und Wissenschaft, Frankfurt/Main 2002

Hasebrook, Joachim: Multimedia-Psychologie. Eine neue Perspektive menschlicher Kommunikation, Heidelberg 1995

Häusel, Hans-Georg: Brain Script. Warum Kunden kaufen, Planegg/München 2004

Heilmann, Klaus: Das Risiko der Sicherheit, Stuttgart 2002

Hoffman, Donald D.: Visuelle Intelligenz. Wie die Welt im Kopf entsteht, München 2003

Hüther, Gerald: Die Macht der inneren Bilder. Wie Visionen das Gehirn, den Menschen und die Welt verändern, Göttingen 2005

Joas, Hans (Hrsg.): Lehrbuch der Soziologie, Frankfurt/Main 2001

Jung, C. G.: Die Beziehungen zwischen dem Ich und dem Unbewußten, München 2003

Ders.: Erinnerungen, Träume, Gedanken, Düsseldorf 2003

Jung, C. G. u. a.: Der Mensch und seine Symbole, Olten 1979

Kagan, Jerome: Die drei Grundirrtümer der Psychologie, Weinheim 2002

Ders.: Surprise, Uncertainty and Mental Structures, Cambridge/Massachusetts 2002

Kahneman, Daniel/Tversky, Amos: Choices, Values and Frames, New York 2002

Kawasaki, Guy/Moreno, Michele: Gesetze für Revolutionäre. Das kapitalistische Manifest für die neuen Spielregeln im Markt, München 1998

Klein, Gary: Natürliche Entscheidungsprozesse. Über die «Quellen der Macht», die unsere Entscheidungen lenken, Paderborn 2003

Klein, Stefan: Die Glücks-Formel oder Wie die guten Gefühle entstehen, Reinbek 2002

Koch, Richard: Das 80/20 Prinzip. Mehr Erfolg mit weniger Aufwand, Frankfurt/Main 1998

Kotre, John: Lebenslauf und Lebenskunst. Über den Umgang mit der eigenen Biographie, München 2001

Ledoux, Joseph: Das Netz der Gefühle. Wie Emotionen entstehen, München 2003

Levine, Robert: Die große Verführung. Psychologie der Manipulation, München 2004

Lindemann, Hannes: Überleben im Stress. Autogenes Training. Der Weg zu Entspannung, Gesundheit, Leistungssteigerung, München 1974

Linke, Detlef B.: Religion als Risiko. Geist, Glaube und Gehirn, Reinbek 2003
Lomborg, Björn: Apocalypse No! Wie sich die menschlichen Lebensgrundlagen wirklich entwickeln, Lüneburg 2002
Maxeiner, Dirk/Miersch, Michael: Das Mephisto-Prinzip. Warum es besser ist, nicht gut zu sein, Frankfurt 2001
Meier-Koll, Alfred: Wie groß ist Platons Höhle? Über die Innenwelten unseres Bewusstseins, Reinbek 2002
Mérö, László: Die Grenzen der Vernunft. Kognition, Intuition und komplexes Denken, Reinbek 2002
Ders.: Die Logik der Unvernunft. Spieltheorie und die Psychologie des Handelns, Reinbek 2003
Milgram, Stanley: Das Milgram-Experiment. Zur Gehorsamkeitsbereitschaft gegenüber Autorität, Reinbek 2001
Moscovici, Serge (Hrsg.): Forschungsgebiete der Sozialpsychologie Band 1 und 2. Eine Einführung für das Hochschulstudium, Frankfurt 1975/1976
Nörretranders, Tor: Spüre die Welt. Die Wissenschaft des Bewußtseins, Reinbek 2000
Ornstein, Robert: Die Evolution des Bewusstseins. Ursprünge und Perspektiven, Freiburg 1996
Parkinson, C. Northcote: Favoriten und Außenseiter. Eine Studie über den Erfolg in Wirtschaft und Gesellschaft, Düsseldorf 1962
Pinker, Steven: Das unbeschriebene Blatt. Die moderne Leugnung der menschlichen Natur, Berlin 2003
Popper, Karl R./Eccles, John C.: Das Ich und sein Gehirn, München 2002
Ramachandran, Vilaynur S./Blakeslee, Sandra: Die blinde Frau, die sehen kann. Rätselhafte Phänomene unseres Bewusstseins, Reinbek 2002

Ridley, Matt: Nature via nurture. Genes, experience and what makes us human, London 2004
Rose, Steven: Gehirn, Gedächtnis und Bewußtsein. Eine Reise zum Mittelpunkt des Menschseins, Bergisch Gladbach 2000
Roth, Gerhard: Das Gehirn und seine Wirklichkeit. Kognitive Neurobiologie und ihre philosophischen Konsequenzen, Frankfurt 1997
Ders.: Fühlen, Denken, Handeln, Frankfurt/Main 2001
Sacks, Oliver: Eine Anthropologin auf dem Mars. Sieben paradoxe Geschichten, Reinbek 2003
Schacter, Daniel: Wir sind Erinnerung. Gedächtnis und Persönlichkeit, Reinbek 2001
Schmidbauer, Wolfgang: Lexikon Psychologie, Reinbek 2001
Schnabel, Ulrich/Sentker, Andreas: Wie kommt die Welt in den Kopf? Reise durch die Werkstätten der Bewußtseinsforscher, Reinbek 1997
Schulte, Günter: Neuromythen. Das Gehirn als Mind Machine und Versteck des Geistes, Frankfurt/Main 2001
Schwarz, Friedhelm: Wenn das Reptil ins Lenkrad greift. Warum Gesellschaft, Wirtschaft und Politik nicht den Regeln der Vernunft gehorchen, Reinbek 2004
Ders.: Das Multigenerationen-Unternehmen. So fördern und fordern Sie Mitarbeiter jeden Alters, Frankfurt/Main 2005
Senger, Harro von: Die Kunst der List. Strategeme durchschauen und anwenden, München 2001
Shermer, Michael/Traynor, Lee: Heilungsversprechen. Zwischen Versuch und Irrtum, Aschaffenburg 2000
Singer, Wolf: Der Beobachter im Gehirn. Essays zur Hirnforschung, Frankfurt/Main 2002

Ders.: Ein neues Menschenbild? Gespräche über Hirnforschung, Frankfurt/Main 2003
Spitzer, Manfred: Nervensache. Perspektiven zu Geist, Gehirn und Gesellschaft, Stuttgart 2003
Storch, Maja: Das Geheimnis kluger Entscheidungen, München 2005
Strogatz, Steven: Synchron. Vom rätselhaften Rhythmus der Natur, Berlin 2004
Stumm, Gerhard/Pritz, Alfred (Hrsg.): Wörterbuch der Psychotherapie, Frankfurt/Main 2000
Urban, Martin: Wie die Welt im Kopf entsteht. Von der Kunst, sich eine Illusion zu machen, Frankfurt/Main 2002
Watts, Duncan J.: Six Degrees: The Science of a Connected Age, New York 2003
Watzlawick, Paul u. a.: Menschliche Kommunikation. Formen, Störungen, Paradoxien, Bern 1971
Watzlawick, Paul (Hrsg.): Die erfundene Wirklichkeit. Wie wissen wir, was wir zu wissen glauben? München 1981
Watzlawick, Paul/Nardone Giorgio (Hrsg.): Kurzzeittherapie und Wirklichkeit. Eine Einführung, München 2003
Wegner, Daniel M.: The Illusion of Conscious Will, Cambridge/Massachusetts 2002
Wetterer, Eva Christiane: Die Kunst der richtigen Entscheidung, Hamburg 2005
Wilber, Ken: Das Spektrum des Bewußtseins. Eine Synthese östlicher und westlicher Psychologie, Reinbek 2000
Zajonc, Arthur: Die gemeinsame Geschichte von Licht und Bewußtsein, Reinbek 2001
Zaltman, Gerald: How Costumers Think. Essential Insights into the Mind of the Market, Boston/Massachusetts 2003
Zimbardo, Philip G./Gerrig, R. J.: Psychologie, Berlin 1999

Register